WEBER'S

HOT DOGS

RELISH PICKLE AIOLI ONION HOT RELISH MERGUEZ BRATWURST BUN CHICKEN SAUSAGE PICKLE ROSTBRATWURST HOT DOG BACON SAUERKRAUT CHICKEN CHORIZO PITA BACON HOT DOG MAYO LAMB RELISH BUN SWEET PEPPER SALSA HOT DOG SAUERKRAUT PICKLES KIELBASA CHORIZO WEISSWURST HOTVEAL BRAT CURRYWURST FRANKFURTER SAUSAGE CERVELAT CERVELAT AIOLI TOMATO BOCKWURST ITALIAN SAUSAGE MUSTARD KIELBASA SALSA KNOCKWURST MUSTARD TOMATO

von Jamie Purviance

Fotos von Tim Turner

WEBER'S: **HOT DOGS**

Inhalt

Alle Wege führen zur Wurst – könnte man jedenfalls meinen. Mit der Ausweitung ihres Imperiums haben die Römer ihre Spezialität nach ganz Europa getragen, und heute genießt man sie fast überall auf der Welt. Wo immer Tiere als Nahrungsmittel im Altertum gezüchtet wurden, musste Fleisch, das nicht sofort verzehrt wurde, also verderben konnte, konserviert werden. Die einfachste Lösung bestand darin, es klein zu schneiden, zu salzen, in Därme zu füllen und abzubinden. Die ersten Würste waren geboren.

Im Mittelalter verfeinerte sich die Wurstherstellung, denn der Handel mit Gewürzen nahm an Fahrt auf. Aus Afrika und dem Fernen Osten kamen so »exotische« Gewürze wie schwarzer Pfeffer und Ingwer nach Europa, die zusammen mit verbesserten Techniken des Pökelns und Räucherns auch neue Geschmacksrichtungen in unterschiedlichen regionalen Ausprägungen hervorbrachten. Deutsche Bock- oder Knackwürste, italienische Salami, Polnische oder die portugiesischen Linguiça-Würste zeugen heute noch davon.

Eine der weltweit bekanntesten Wurstsorten ist die Frankfurter. Ein schlankes, längliches, schnittfestes Brühwürstchen aus feinem Brät, das seinen Ursprung in Frankfurt am Main hat. Ihr Brät besteht aus magerem Schweinefleisch und Bauchspeck. Im frühen 19. Jahrhundert mischte der deutsche Metzger Georg Lahner, der sich in Wien angesiedelt hatte, erstmals Rindfleisch unter die Wurstmasse und nannte die von ihm hergestellten und geräucherten Würste Wiener.

Ich erinnere mich heute nicht mehr an geschmackliche Einzelheiten meines ersten Frankfurter, Wiener oder Hot-Dog-Würstchens (wie auch immer Sie sie bezeichnen wollen). Das liegt fast 50 Jahre zurück. Ich verbinde mit ihnen allerdings mit die glücklichsten Anlässe, auf denen auch gegessen wurde – rauschende Geburtstagspartys, Abschlussfeiern, Familientreffen oder Hochzeitstage. Das liegt schlicht daran, dass Würste, wie wir Amerikaner sagen, Fun Food sind – unkompliziert in der Zubereitung, einfach zu servieren und auf großen und kleinen Partys einfach nicht wegzudenken.

In diesem Buch habe ich meine Lieblingsrezpte zusammengestellt, in denen Würste eine Hauptrolle spielen. Ich bin tief in die schier grenzenlose Vielfalt der europäischen Wursttraditionen eingetaucht, aber es ist unmöglich, all den herrlichen, unterschiedlichen Würsten in einem Buch gerecht zu werden. Betrachten Sie dieses Buch deshalb auch als Ideengeber und Anreger, aus Ihren Lieblingswürsten das Beste herauszuholen, neue Wege zu beschreiten und Entdeckungen zu machen: Wer es wagt, eine Münchner Weißwurst auch mal zu grillen, wird mit überraschenden Geschmackserlebnissen belohnt (Rezept Seite 32), und wer dann seiner geliebten Currywurst noch mehr »Exotik« als nur Curry zutraut, der wird das Rezept auf Seite 92 und die neuen Currysaucen (Rezepte Seite 136–137) ausprobieren und hoffentlich einen Aha-Effekt haben. Letztlich ist es erstaunlich, was man mit Würsten und einem Grill zaubern kann, oder hätten Sie gedacht, dass auch der Geschmack von Venusmuscheln in ungeahnte Höhen klettert, wenn man die Muscheln mit der wunderbaren spanischen Chorizo zusammenbringt (Rezept Seite 62)?

Grillanfänger legen Würste gern über das Feuer und überschütten sie mit Bier, damit sich keine Flammen bilden. Mit diesem Buch gehen Sie in punco Wurst allerdings einen großen Schritt weiter, mit verfeinerten Grilltechniken und Rezepten, deren Ergebnisse Sie mit Stolz servieren werden. Widmen Sie sich deshalb auch den mehr als zwei Dutzend Beilagen und speziellen Saucen dieses Buchs, mit denen Sie geschmacklich zusätzlich punkten können. Denn am Ende geht es doch genau darum: Sie wollen großartige Gerichte auf den Tisch bringen, dabei richtig Spaß haben und unvergessliche Grillrunden mit Ihrer Familie und Freunden verbringen. Also, ab jetzt ran an die Grills, es geht um die Wurst!

Jamie Purviance

Grundlagen des Grillens

EINEN HOLZKOHLEGRILL VORBEREITEN

SIND STREICHHÖLZER DA? SIE UND IHR GRILL AUCH? SPASS BEISEITE, 15–20 MINUTEN SOLLTEN SIE SICH JETZT ZEIT NEHMEN, UM IHR HOLZKOHLEFEUER IN GANG ZU BRINGEN.

1. MIT DEM ANZÜNDKAMIN GEHT ALLES EINFACHER.

Der Metallzylinder mit einem Rost innen und zwei Griffen außen bringt die Kohlen schnell zum Glühen. Einfach die Kammer des Zylinders mit Holzkohle füllen, 2–3 Anzündwürfel auf den Kohlerost geben und den Anzündkamin darüberstellen.

2. ANFEUERN UND LOS.

Sobald Sie die Anzündwürfel angezündet haben, fangen die Kohlen in der Regel sofort Feuer. Im Kamin wird es zunächst rauchen, doch Sie müssen nichts unternehmen, bis die oberen Kohlen mit einer weißen Ascheschicht überzogen sind.

3. GRILLHANDSCHUHE TRAGEN.

Jeweils mit einer Hand einen der beiden Griffe halten und die glühenden Kohlen vorsichtig auf den Kohlerost schütten. Der bewegliche Griff hilft dabei, den Kamininhalt sicher und einfach auszuleeren.

4. DIE KOHLEN ANORDNEN.

Eine Zwei-Zonen-Glut bedeutet Flexibilität beim Grillen. Der Kohlerost wird für direkte Hitze nur auf einer Seite mit Kohlen bedeckt. Die leere Seite ist die Zone für indirekte Hitze. Sie ist eine Art Sicherheitszone, in der Grillgut »zwischengeparkt« wird, wenn über direkter Hitze Flammen hochschlagen.

5. VORHEIZEN IST WICHTIG.

Setzen Sie nun den Grillrost wieder ein und schließen Sie den Deckel. Nach 10–15 Min. wird die Temperatur im Grill etwa 260 °C erreicht haben. Jetzt sollten Sie den heißen Grillrost gründlich säubern; das geht am besten mit einer Grillbürste mit Edelstahlborsten.

6. LÜFTUNGSSCHIEBER.

Der Lüftungsschieber im Boden des Kessels sollte beim Grillen geöffnet und die Lüftungsschlitze frei von Asche sein, sonst erstickt das Feuer. Auch der Lüftungsschieber im Deckel bleibt geöffnet und wird nur dann zur Hälfte geschlossen, wenn Sie die Hitze reduzieren wollen.

EINEN GASGRILL IN BETRIEB NEHMEN

DAS KANN JEDER: DECKEL ÖFFNEN UND KNÖPFE DREHEN. DER VORTEIL EINES GASGRILLS IST SEINE EINFACHE BEDIENUNG. DENNOCH SOLLTEN SIE EIN PAAR TIPPS BEHERZIGEN:

DAS WICHTIGSTE ZUERST.

Öffnen Sie den Deckel des Grills und prüfen Sie, ob noch ausreichend Gas vorhanden ist. Wechseln Sie gegebenenfalls die leere oder fast leere Gasflasche, damit Ihnen während des Grillens nicht der Brennstoff ausgeht. Reinigen Sie, wenn nötig, die Fettfangschale.

DEN GRILL ANZÜNDEN.

Folgen Sie beim Anzünden und der Dichtigkeitsprüfung der Anleitung Ihres Herstellers. Wenn Sie Gas riechen, könnte dies auf ein Leck an der Verbindungsstelle oder im Gasschlauch hinweisen. Schalten Sie sofort alle Brenner aus, schließen Sie das Gasventil und nehmen Sie den Schlauch ab. Warten Sie 5–10 Min., schließen Sie den Schlauch wieder an und zünden Sie die Brenner erneut. Riechen Sie immer noch Gas, muss das Ventil sofort geschlossen und der Hersteller kontaktiert werden.

GRILL AN, DECKEL ZU.

Wenn die Brenner auf höchster Stufe angezündet sind, schließen Sie den Deckel und heizen den Grill 10–15 Min. vor. Die in dieser Zeit wie in einem Backofen entstehende Hitze ist für ein effizientes Grillen sehr wichtig. Auch der Grillrost wird dabei heiß genug, um ihn vor dem Auflegen des Grillguts kinderleicht mit einer Grillbürste säubern zu können. Mit einem sauberen Rost gelingt das Anbraten perfekt.

Grundlagen des Grillens

DIREKTE UND INDIREKTE HITZE

JETZT GEHT'S IN PUNCTO HITZE DIREKT LOS – UND INDIREKT AUCH.

Es gibt zwei grundlegende Techniken, mit denen gegrillt wird: direkt über den glühenden Kohlen oder angezündeten Brennern oder indirekt, also seitlich von der Hitzequelle. Direkte Hitze trifft mit voller Wucht auf das Grillgut, das dadurch scharf angebraten wird und eine köstliche Kruste bildet. Indirekte Hitze gart das Grillgut sanfter und langsamer.

Direkte Hitze eignet sich am besten für dünnere, zartere Zutaten, die schnell gar sind, etwa Brühwürste oder Rinderpattys für Burger.

Indirekte Hitze wird am besten für Grillgut verwendet, das rundum sanfter gegart werden sollte. Sie ist ideal, wenn Sie beispielsweise rohe Bratwürste grillen oder Brötchen rösten wollen.

Häufig sind beim Grillen beide Hitzezonen sinnvoll, um gleichzeitig eine kräftige Krustenbildung, aber auch den gewünschten Gargrad im Innern zu erhalten. Auf diese Weise werden zuverlässigere Ergebnisse erzielt und böse Überraschungen wie »Oh, ist ja innen noch roh« vermieden. Geschmacksintensiver Erfolg stellt sich meist ein, wenn das Grillgut über direkter Hitze von beiden Seiten kräftig angebraten wird und anschließend in der indirekten Zone fertiggegrillt wird. Dafür ist eine simple Zwei-Zonen-Glut ausreichend, bei der die glühenden Kohlen nur auf einer Seite des Koh-

lerosts liegen bzw. einige Brenner im Gasgrill abgeschaltet sind.

Ob Sie mit direkter, indirekter oder mit beiden Hitzezonen grillen, immer ist der Grilldeckel Ihr alles entscheidender Freund. Halten Sie ihn so häufig wie möglich geschlossen, denn nur dann kann die bei indirekter Hitze strömende Konvektionswärme im Grill gehalten und Flammenbildung bei direkter Hitze vermieden werden. Das Grillgut muss zwar trotzdem noch gewendet werden, wenn es jedoch gleichzeitig von oben und unten gegart wird, verkürzt sich die Grillzeit und damit das Warten auf den Grillgenuss.

GAS: DIREKTE UND INDIREKTE HITZE
Direkte Hitze bei einem Gasgrill bedeutet, dass Zutaten direkt über angezündeten Brennern gegrillt werden. Für indirekte Hitze werden rechts und links nur die äußeren Brenner angezündet, das Grillgut wird zwischen ihnen, also über nicht eingeschalteten Brennern gegrillt.

HOLZKOHLE: DIREKTE HITZE
Bei direkter Hitze liegt das Grillgut genau über der Glut. Die Hitze wird über den Rost zum Grillgut geleitet und erzeugt das typische Grillmuster.

HOLZKOHLE: INDIREKTE HITZE
Bei indireker Hitze liegen die glühenden Kohlen entweder seitlich vom Grillgut oder links und rechts vom Grillgut.

WARTUNG UND SICHERHEIT

**OUTDOOR – DAMIT VER-
BINDET MAN ROBUSTHEIT,
GRILLS EINGESCHLOSSEN.
TROTZDEM BRAUCHEN
GRILLS REGELMÄSSIG EIN
WENIG PFLEGE, DAMIT SIE
ÜBER EINE SEHR LANGE ZEIT
EINFACH NICHT KLEIN ZU
KRIEGEN SIND.**

Das begehrte Grillmuster bringen Sie nur dann auf Ihr Grillgut,
wenn es nicht am Grillrost haften
bleibt, also nicht auf angebrann-
ten Essensresten vom letzten
Grillevent liegt. Säubern Sie den
Grillrost vor jedem Gebrauch.
Dafür wird der Grill mitsamt dem
Rost bei geschlossenem Deckel
etwa 10 Min. auf eine Temperatur
von 260 °C vorgeheizt, Sie ziehen
Grillhandschuhe an und bürsten mit
einer langstieligen Grillbürste die
heißen Streben von allen Resten

und Verunreinigungen der letzten
Grillsession ab.

Etwa einmal im Monat sollte der
Grill etwas gründlicher gesäubert
werden. Halten Sie sich dabei an
die Hinweise Ihres Herstellers.
Von außen waschen Sie den Grill
mit einem Schwamm mit warmem
Wasser und etwas Spülmittel
ab und kratzen Ruß und Verunreinigungen, die sich im Deckel
angesammelt haben, ab. Bei
einem Gasgrill sollte der Grillrost
abgenommen und die Brenner
abgebürstet werden, außerdem
Bodentrichter und Fettfangschale
gereinigt werden. Holzkohlegriller
sollten regelmäßig die Asche im
Grillkessel entfernen.

Befolgen Sie alle Empfehlungen
Ihres Herstellers bezüglich Reinigung, Instandhaltung und Wartung.

SICHERHEIT

Lesen Sie die Bedienungs-
anleitung Ihres Herstellers
und machen Sie sich mit allen
Techniken sowie Sicherheits-
hinweisen und Warnungen
vertraut. Befolgen Sie ebenso
die Angaben zum Grillen und
die Wartungsvorschriften.
Sollten Sie die Bedienungs-
anleitung Ihres Grills nicht
finden, kontaktieren Sie den
Hersteller, bevor Sie das
Gerät verwenden. Wenn Sie
Fragen zu den Sicherheits-
und Warnhinweisen Ihres
Weber-Gasgrills, Holzkohle-
oder Elektrogrills oder keine
Anleitung haben, wenden Sie
sich bitte an Weber-Stephen
Deutschland unter der Ser-
vicenummer 06132/8999-0
oder www.weberstephen.de,
bevor Sie den Grill in Betrieb
nehmen.

**EINE ROBUSTE GRILLBÜRSTE
MIT EDELSTAHLBORSTEN
IST WICHTIG ZUR REINIGUNG
DES GRILLROSTS.**
Mit einem gezackten Kratzer am
Bürstenkopf lassen sich auch hart-
näckige Verschmutzungen am Rost
leicht entfernen.

Kleine Wurstkunde

GEBRÜHT
FRANKFURTER

Die geräucherten, mild gewürzten, länglichen dünnen Würste werden aus Schweinefleisch hergestellt und in Saitlinge gefüllt. Eine Spezialität aus reinem Rindfleisch sind die Frankfurter Rindswürste.

GEBRÜHT
GEFLÜGELBRATWURST

Die Würste werden überwiegend aus Hähnchen- und Putenfleisch hergestellt und sind im Vergleich zu Würsten aus Schweine- oder Rindfleisch kalorienärmer.

GEBRÜHT
BRATWÜRSTE

Eine große Anzahl von Würsten für Pfanne oder Grill kommen gebrüht in den Handel; sie werden häufig aus Schweine- oder Kalbfleisch oder beidem hergestellt.

GERÄUCHERT
KRAKAUER

Die polnische Wurstspezialität ist eine geräucherte Brühwurst aus Rind- und Schweinefleisch und wird mit viel Knoblauch gewürzt. Sie kommt häufig als Wurstring in den Handel.

GERÄUCHERT
CERVELAT

In Deutschland besteht die geräucherte und gepökelte Rohwurst aus Schweinefleisch, Speck und Rindfleisch. Sie schmeckt sehr würzig und kann kalt in Scheiben oder kurz auf dem Grill erwärmt gegessen werden.

GERÄUCHERT
SPANISCHE CHORIZO

Die gepökelte und geräucherte spanische Hartwurst wird aus Scheinefleisch hergestellt und mit viel Paprika gewürzt. Sie wird kalt in Scheiben gegessen oder z.B. in Eintöpfen mitgekocht.

GEBRÜHT

KNACKWURST

In Deutschland gibt es sehr unterschiedliche Knackwurst-Varianten. Diese hier ähneln Frankfurtern, sind aber dicker und kleiner. Der Name leitet sich von dem knackenden Geräusch ab, das beim herzhaften Hineinbeißen entsteht.

ROH

BRATWURST

Die rohen deutschen Bratwürste, ob fein oder grob, werden meist aus Schweinefleisch hergestellt, können aber auch Rind- oder Kalbfleisch enthalten. Sie werden typischerweise mit Ingwer, Muskat, Koriander und Kümmel gewürzt.

ROH

ITALIENISCHE SALSICCIA

Die rohe Wurstspezialität aus Italien besteht zumeist aus Schweinefleisch und wird mit Knoblauch und Fenchelsamen gewürzt. Die scharfe Variante der Wurst enthält u. a. rote Chilis.

GEBRÜHT

MÜNCHNER WEISSWURST

Die süddeutsche Wurst kommt heute v. a. als frische Brühwurst in den Handel. Sie besteht aus Kalb-, Schweinefleisch und Speck und wird mit Petersilie, Zwiebel, Zitrone, Mazis und manchmal auch Kardamom und Ingwer gewürzt. In Bayern wird sie traditionell vor 12 Uhr mit süßem Senf und Brezeln gegessen.

ROH

MERGUEZ

Die rohe Wurstspezialität, die ursprünglich aus Nordafrika stammt, wird aus Rindfleisch hergestellt und mit Harissa, einer scharfen Chilipaste, und manchmal mit fruchtigsäuerlichem Sumach gewürzt.

ROH

MEXIKANISCHE CHORIZO

Die rohe Schwester der spanischen Chorizo wird traditionellerweise mit getrockneten Chilis wie Ancho und Chipotle gewürzt. Ihre pikante Schärfe wird abgerundet mit Gewürzen wie Oregano, Piment und Kreuzkümmel.

Unverzichtbare Grillhelfer

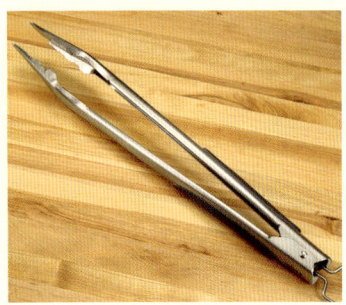

GRILLZANGE

Das mit Abstand meistgebrauchte Zubehör, das Sie im Dreierpack besitzen sollten: eine Zange für rohe und eine für gegarte Zutaten, und zusätzlich eine Zange zum Anordnen der Holzkohle.

ANZÜNDKAMIN

Mit ihm bringt man Holzkohle schneller und gleichmäßiger zum Glühen als mit Anzündflüssigkeiten. Wählen Sie ein Modell mit einem Fassungsvermögen von mind. 5 Litern für die Kohle.

EINWEG-ALUSCHALEN

Mit ihnen lassen sich Würste bequem zum und vom Grill tragen, sie sind außerdem praktische Kochgefäße auf dem Grill und eignen sich zum Warmhalten gegrillter Würste.

GRILLHANDSCHUHE

Wählen Sie am besten ein Handschuh-Set mit Silikon-Griffflächen, das sowohl die Hände als auch die Handgelenke schützt.

DIGITALES FLEISCH-THERMOMETER

Mit diesem kleinen Helfer können Sie ein Über- oder Untergaren der Würste leicht vermeiden. Den Messfühler an einem Wurstende gerade bis zur Mitte hin einstechen.

TIMER

Es ist alles eine Frage des richtigen Zeitpunkts … und der richtigen Hitze, denn jede vollkommen gegrillte Wurst ist eine Kombination aus Timing und Temperatur.

GRILLBÜRSTE

Halten Sie Ihren Grillrost mit einer dieser Bürsten sauber. Wählen Sie auf jeden Fall eine robuste, langstielige Bürste mit Edelstahlborsten. Auf einem sauberen Grillrost bleiben Ihre Würste weder haften, noch schmecken sie später nach alten, verbrannten Essensresten.

GRILLWENDER

Am besten geeignet sind langstielige Modelle mit einem Knick am Griff, bei denen also die Hebefläche etwas tiefer liegt als die Hand, die den Griff hält. Ein Grillwender ist auch besonders für Hackfleischwürste und zarteres Grillgut eine gute Alternative zur Grillzange.

GUSSEISERNE PFANNE

Eine Gusseisenpfanne für den Grill wie diese ist äußerst nützlich, wenn Sie Zwiebeln karamellisieren oder Sauerkraut köcheln wollen, kommt aber auch zum Bräunen zarterer Würste und für ein Dutzend anderer Zubereitungen zum Einsatz. Unbedingt ausprobieren!

SPIESSE

Es macht Spaß, Würste von Spießen zu essen. Entscheiden Sie sich für Spieße mit breiten, flachen Seiten oder für Doppelspieße, damit die Wurststücke sich nicht auf den Spießen drehen, wenn Sie sie wenden.

Top-Ten-Tipps für Grillwürste

Gegrillte Hot-Dog-Würste schmecken um Längen besser als im Wasser erhitzte, aber seien Sie auf der Hut. Rohe Bratwürste, die über starker Hitze gegrillt werden, platzen leicht und verlieren viel von ihrer Saftigkeit. Bilden sich Flammen beim Grillen, ist das ein sicheres Anzeichen dafür, dass die Würste wertvolle Flüssigkeit verloren haben.

Rohe Bratwürste sollten am besten über direkter mittlerer oder auch direkter schwacher bis mittlerer Hitze gegrillt werden. Auf diese Weise werden sie schön gebräunt ohne zu verbrennen. Aber selbst dann können hin und wieder Flammen hochschlagen. Bereiten Sie deshalb immer eine indirekte Zone mit vor, eine Sicherheitszone, in die Sie gegebenenfalls die Würste »zwischenparken« können, bis die Flammen erloschen sind.

Wenn Sie ganz sicher gehen wollen, können Sie rohe Würste auch von Anfang bis Ende über indirekter mittlerer Hitze grillen. Scheinen sie im Innern bereits durchgegart, ohne außen appetitlich gebräunt zu sein, legen Sie sie während der letzten Grillminuten über direkte Hitze.

Rohe Würste dürfen vor dem Grillen niemals eingestochen werden, denn sie würden dadurch ihren köstlichen Fleischsaft verlieren, und auch die Wurstpelle droht aufzuplatzen. Aus denselben Gründen die Würste immer mit einer Grillzange wenden!

Eine weitere sichere Zubereitungsart für rohe Würste ist, sie zunächst selbst vorzubrühen. Lassen Sie sie behutsam in Bier gar ziehen und legen Sie sie anschließend zum Bräunen auf den heißen Grillrost. Oder Sie bräunen die Würste zuerst über direkter mittlerer Hitze und geben sie dann zum Garziehen in Bier. Auf diese Weise können Sie die Würste auch gut warm halten, bis Ihre Gäste sich eingefunden haben.

Brühwürste wie Frankfurter oder Polnische (Krakauer) grillt man am besten über direkter mittlerer bis starker Hitze. Auf diese Weise können die Würste schön bräunen, während sie im Innern heiß werden.

Schnittfeste Brühwürste wie Wiener, Frankfurter oder Bockwürste schmecken vom Grill besonders gut, wenn man sie zuvor der Länge nach einschneidet und schmetterlingsförmig aufgeklappt über direkter Hitze grillt. Diese Würste sind aber auch, in Stücke geschnitten, zum Grillen auf Spießen ideal. Oder Sie schneiden die Würste schräg in längliche Scheiben und grillen die Scheiben direkt auf dem Rost.

Der Gargrad roher Würste lässt sich am besten mit einem digitalen Fleischthermometer bestimmen. Würste aus Rind-, Kalb- oder Schweinefleisch sollten eine Kerntemperatur von 70 °C haben. Alternativ können Sie einen Grillspieß aus Metall von einem Wurstende aus in die Mitte der Wurst stechen, Sie warten dann einige Sekunden ab, bevor Sie die Temperatur des Spießes sofort auf der Oberseite Ihrer Hand messen: Fühlt sich der Spieß heiß an, ist die Wurst fertig.

Durchgegarte rohe Bratwürste fühlen sich auf Druck fest an, sollten aber nicht geschrumpft sein. Eine verschrumpelte Wurstpelle deutet darauf hin, dass bei der Zubereitung zu viel Fett und Flüssigkeit ausgetreten sind und die durchgegarte Wurstmasse ausgetrocknet ist.

Etwas Fingerspitzengefühl brauchen Sie für kalorienarme Würste aus Geflügel oder etwa Fisch. Da sie kaum Flüssigkeit enthalten, trocknen sie auf dem Grill ganz schnell aus. Sobald sie nach 5–7 Min. durch und durch heiß sind, müssen sie sofort runter vom Grill.

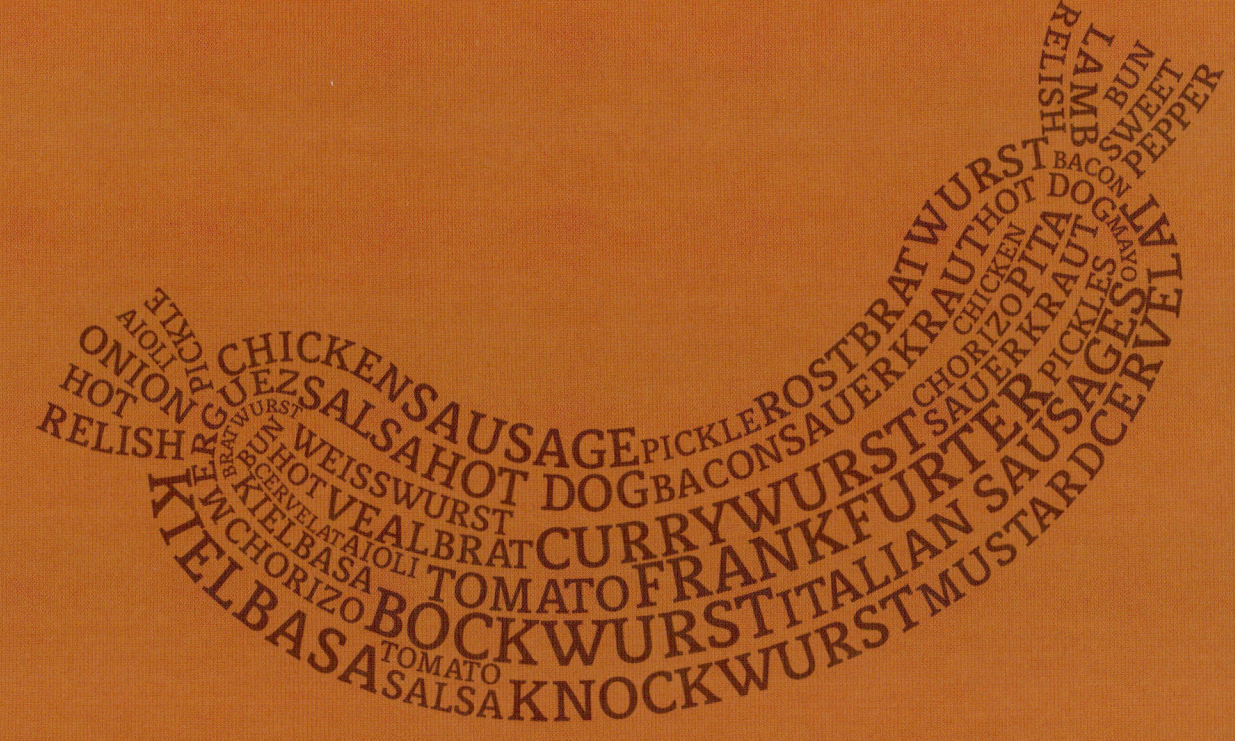

16

ITALIENISCHE SALSICCE
MIT PAPRIKA, ZWIEBELN UND KÄSE

ZUBEREITUNGSZEIT: 20 Min.
GRILLZEIT: 8–10 Min.
ZUBEHÖR: gelochte Grillpfanne

Olivenöl
grobes Meersalz
frisch gemahlener schwarzer Pfeffer
je 1 rote und grüne mittelgroße Paprikaschote,
    in 1 cm breite Streifen geschnitten
1 mittelgroße Zwiebel, quer in 1 cm dicke
    Scheiben geschnitten
4 rohe Salsicce (je 100–120 g; eine Kombination
    aus pikanten und süßlich-milden Würsten)
2 EL Rotweinessig
1 Knoblauchzehe, zerdrückt oder durchgepresst
1 Baguette (etwa 250 g schwer und 60 cm lang),
    in der Mitte der Länge nach eingeschnitten
4 längliche Scheiben Provolone (italienischer
    Hartkäse; je etwa 15 g schwer und 15 cm lang)
1 EL grob gehackte glatte Petersilienblätter

1. Den Grill für direkte mittlere Hitze (175–230 °C) vorbereiten und die gelochte Grillpfanne vorheizen.

2. In einer mittelgroßen Schüssel 2 EL Öl mit ½ TL Salz und ¼ TL Pfeffer verrühren. Paprikastreifen und Zwiebelscheiben in der Schüssel mit dem Würzöl überziehen.

3. Die Würste der Länge nach ein-, aber nicht durchschneiden, dabei auch die Wurstenden intakt lassen. Die Würste dünn mit Öl bepinseln.

4. Essig, Knoblauch, 2 EL Öl, ¼ TL Salz und ¼ TL Pfeffer zu einer Vinaigrette aufschlagen. Die Schnittflächen des Baguettes mit Öl einpinseln.

5. Paprika und Zwiebel in einer Lage in der vorgeheizten Grillpfanne verteilen, die Würste auf den Grillrost legen. Gemüse und Würste über *direkter mittlerer Hitze* bei geschlossenem Deckel 8–10 Min. grillen, bis das Gemüse weich ist und die Würste schön gebräunt und durchgegart sind (Kerntemperatur 70 °C), dabei die Zutaten gelegentlich wenden. Während der letzten 30–60 Sek. in den Einschnitten der Würste je 1 Scheibe Käse zum Schmelzen bringen und die Baguettehälften mit den Schnittflächen nach unten über direkter Hitze rösten.

6. Das gegrillte Gemüse in einer sauberen Schüssel mit der Petersilie mischen.

7. Das Baguette in vier 15 cm lange Stücke schneiden, zwischen die Baguettehälften je 1 Wurst und Gemüse geben und jeweils mit 1 EL Vinaigrette beträufeln. Warm servieren.

FÜR 4 PERSONEN

KARTOFFEL-WURST-SPIESSE
MIT SALSA VERDE

ZUBEREITUNGSZEIT: 20 Min.
GRILLZEIT: 12–15 Min.
ZUBEHÖR: 6 Metall- oder Holzspieße

Für die Salsa

1 Bund glatte Petersilie, die Blätter fein gehackt
1 EL Kapern, abgetropft, fein gehackt
1 Sardellenfilet, fein gehackt
1 TL fein gehackter Knoblauch
1 TL fein gehackte eingelegte Salzzitrone
   (nach Belieben)

Olivenöl
grobes Meersalz
frisch gemahlener schwarzer Pfeffer
24 kleine festkochende Kartoffeln (Ø je 3–4 cm)
6 rohe Salsicce (je 100–120 g)
⅛ TL Knoblauchgranulat

1. Holzspieße vor dem Grillen mind. 30 Min. in kaltem Wasser einweichen.

2. Die Zutaten für die Salsa in einer Schüssel mischen. Langsam 7 EL (100 ml) Olivenöl unterschlagen, bis die Mischung eine Emulsion bildet. Mit Salz und Pfeffer abschmecken und bis zum Servieren beseitestellen.

3. Die Kartoffeln in einem großen, gut schließenden Topf und einer Handbreit Wasser auf hoher Stufe aufkochen und 5 Min. vorgaren, bis sie halb durch sind und sich die Spitze eines Messers nicht widerstandslos einstechen lässt. Abgießen und zum Abkühlen beiseitestellen.

4. Den Grill für direkte schwache Hitze (120–175 °C) vorbereiten.

5. Die Würste jeweils quer in vier Stücke schneiden. Auf jeden Spieß abwechselnd 4 Kartoffeln und 4 Wurststücke stecken.

6. In einer kleinen Schüssel 3 EL Öl mit ¼ TL Salz, ⅛ TL Pfeffer und dem Knoblauchgranulat verrühren und die Spieße mit dem Würzöl bepinseln. Die Spieße über *direkter schwacher Hitze* bei geschlossenem Deckel 12–15 Min. grillen, bis Kartoffeln und Würste durchgegart sind, dabei ab und zu wenden. Die Salsa verde noch einmal aufschlagen und zu den warmen Spießen servieren.

FÜR 4 PERSONEN

GEBRATENER GEMÜSEREIS
MIT ITALIENISCHEM WURSTBRÄT

ZUBEREITUNGSZEIT: 25 Min.
GRILLZEIT: 12–14 Min.
ZUBEHÖR: Weber Gourmet BBQ System™ Grillrost mit Wok-Einsatz oder ein grillfester Wok bzw. eine gusseiserne Pfanne (Ø 30 cm)

Für die Sauce

2 EL Sojasauce
1 EL Sesamöl aus gerösteten Samen
2 TL Austernsauce
½ TL gemahlener weißer Pfeffer
½ TL grobes Meersalz

1 Zwiebel (etwa 100 g), fein gewürfelt
3 EL Öl
1 EL fein gehackter Ingwer
1 große Knoblauchzehe, fein gehackt
1 Möhre (etwa 60 g), geschält, fein gewürfelt
1 Stange Bleichsellerie, fein gewürfelt
2 rohe milde Salsicce (je 100–120 g),
    das Wurstbrät aus der Pelle gedrückt
500 g gegarter weißer Langkornreis
    (entspricht etwa 200 g rohem Reis),
    durchgekühlt
4 EL TK-Erbsen, aufgetaut
1 Frühlingszwiebel, nur die weißen und
    hellgrünen Abschnitte in feine Scheiben
    geschnitten

1. In einer kleinen Schüssel die Zutaten für die Sauce mit 1 EL Wasser verrühren. In einer zweiten kleinen Schüssel Zwiebelwürfel mit Öl, Ingwer und Knoblauch mischen. In einer dritten kleinen Schüssel Möhre und Sellerie vermengen.

2. Den Grill für direkte starke Hitze (230–290 ºC) vorbereiten. Den Weber Gourmet BBQ System™ Rost und den Wok einsetzen (oder den Wok bzw. die Gusseisenpfanne auf den Grillrost stellen), den Deckel schließen und Wok oder Pfanne etwa 10 Min. kräftig vorheizen.

3. Die Sauce, den Zwiebel-Ingwer-Mix, Möhre und Sellerie, Wurstbrät, kalten Reis und Erbsen griffbereit neben den Grill stellen. Sobald der Wok sehr heiß ist, das Wurstbrät über *direkter starker Hitze* bei geöffnetem Deckel 3–4 Min. mit einem Holzlöffel im Wok pfannenrühren und dabei krümelig zerteilen, bis es nicht mehr rosa ist. Dann den Zwiebel-Ingwer-Mix 1–2 Min. mitrühren, Möhre und Sellerie dazugeben und 3 Min. weiterrühren, bis das Gemüse etwas weich ist. Jetzt den Reis zufügen, etwaige Klumpen mit dem Holzlöffel zerteilen und den Reis 3 Min. pfannenrühren, bis jedes Reiskorn mit Öl überzogen ist. Die Erbsen gleichmäßig unterrühren, anschließend die Sauce zugießen und etwa 2 Min. weiterrühren, bis das Gemüse knackig-zart ist. Den Reis auf einem Servierteller anrichten, mit den Frühlingszwiebeln garnieren und sofort servieren.

FÜR 4 PERSONEN

TIPP!

Wichtig ist, dass Sie Langkornreis verwenden und der gegarte Reis richtig kalt ist, bevor Sie ihn braten. Sie können ihn bis zu 2 Tage im Voraus garen.

WURSTPOTPOURRI
AUF CREMIGER KÄSEPOLENTA

ZUBEREITUNGSZEIT: 15 Min.
GRILLZEIT: 15–20 Min.

Für das Dressing

4 EL fein gehackte Basilikumblätter
2 EL weißer Aceto balsamico
2 EL fein gewürfelte Schalotten

grobes Meersalz
frisch gemahlener schwarzer Pfeffer
Olivenöl

Für die Polenta

1¼ l Milch
250 g Instant-Polenta (vorgegarter Maisgrieß)
120 g Frischkäse, glatt gerührt
50 g geriebener Pecorino romano
   (italienischer Hartkäse)

4 rohe süßlich-milde Salsicce (je 100–120 g)
2 rohe pikante Salsicce (je 100–120 g)
350–450 g Krakauer

1. Den Grill für indirekte mittlere Hitze
(175–230 °C) vorbereiten.

2. Die Zutaten für das Dressing mit ½ TL Salz
und ¼ TL Pfeffer verrühren, anschließend langsam 5 EL Öl unterschlagen, bis das Dressing
eine Emulsion bildet.

3. In einem großen hohen Topf die Milch mit
250 ml Wasser, 1½ TL Salz und ¼ TL Pfeffer auf
mittlerer bis hoher Stufe zum Köcheln bringen.
Den Maisgrieß nach und nach in einem gleichmäßigen Strahl einrieseln lassen, dabei ständig rühren. Die Hitze auf mittlere Stufe reduzieren und
den Maisgrieß unter Rühren 4–5 Min. köcheln
lassen, bis ein dicker Brei entsteht. Den Topf vom
Herd nehmen, Frischkäse und Pecorino zufügen
und rühren, bis beide Käsesorten geschmolzen
sind. Die Polenta auf kleinster Stufe warm halten,
dabei ab und zu umrühren, damit sie nicht ansetzt.

4. Die Salsicce über *indirekter mittlerer Hitze* bei
geschlossenem Deckel 15–20 Min. grillen, bis sie
durchgegart sind (Kerntemperatur 70 °C), dabei
gelegentlich wenden. Gleichzeitig auch die Krakauer über *indirekter mittlerer Hitze* 12–15 Min.
grillen, bis sie schön gebräunt und durcherhitzt ist,
dabei ab und zu wenden. Für eine kräftigere Bräu-
ne die Salsicce während der letzten 3–5 Min. der
Grillzeit über direkte Hitze legen und dabei einmal
wenden. Fertige Salsicce und Krakauer vom Grillen
nehmen und in mundgerechte Stücke schneiden.

5. Den Maisbrei dick auf einem Servierteller verstreichen und darauf die Wurststücke anrichten.
Das Dressing noch einmal aufschlagen und über
die Würste träufeln. Sofort servieren.

FÜR 8 PERSONEN

TOMATEN-WURST-RAGOUT
MIT KNUSPRIGEN POLENTASCHNITTEN

ZUBEREITUNGSZEIT: 20 Min., plus etwa 30 Min. für Polenta und Ragout
KÜHLZEIT: mind. 1 Std.
GRILLZEIT: 4–6 Min.
ZUBEHÖR: Pie-Backform (Ø 23 cm)

Für die Polenta

750 ml Milch
160 g Polenta (Maisgrieß)
2 EL Butter
¾ TL grobes Meersalz
¼ TL frisch gemahlener schwarzer Pfeffer

Olivenöl
3 rohe Salsicce (je 100–120 g), das Wurstbrät
  aus der Pelle gedrückt
1 mittelgroße Zwiebel, fein gewürfelt
2 große Knoblauchzehen, fein gehackt
1 Dose stückige Tomaten (400 g)
¼ TL grobes Meersalz
¼ TL frisch gemahlener schwarzer Pfeffer
4 EL fein gehackte Basilikumblätter

1 Stück Parmesan (120 g), raumtemperiert,
  mit einem Sparschäler in Späne abgezogen

1. Für die Polenta in einem großen hohen Topf die Zutaten auf mittlerer Stufe mit einem Schneebesen verrühren und unter häufigem Rühren zum Köcheln bringen. Die Hitze sofort auf sehr kleine Stufe stellen und den Maisgrieß unter Rühren mit einem Holzlöffel etwa 15 Min. garen, bis ein dicker, glatter Brei entsteht. Hüten Sie sich vor Spritzern und achten Sie darauf, dass der Maisbrei nicht ansetzt.

2. Die Backform mit Öl ausstreichen und den heißen Maisbrei gleichmäßig in der Backform verstreichen. Abkühlen lassen, dann die Form abdecken und die Polenta mind. 1 Std. kalt stellen.

3. Eine Pfanne auf mittlerer Stufe heiß werden lassen. Das Wurstbrät in der heißen Pfanne 5–8 Min. braten, bis es nicht mehr rosa ist, dabei größere Stücke mit einem Holzlöffel zerteilen. Bei Bedarf das ausgetretene Fett bis auf 1 EL entfernen, andernfalls 1 EL Öl in die Pfanne geben. Zwiebel und Knoblauch zufügen und 3–5 Min. mitbraten, dabei weiterhin das Brät mit dem Löffel krümelig zerteilen. Dosentomaten, Salz und Pfeffer dazugeben, das Ragout zum Köcheln bringen und etwa 5 Min. unter gelegentlichem Rühren garen, bis kaum mehr Flüssigkeit in der Pfanne ist. 2 EL Basilikum unterrühren und die Pfanne beiseitestellen, während Sie die Polenta grillen.

4. Den Grill für direkte starke Hitze (230–290 ºC) vorbereiten.

5. Die feste Polenta auf ein Schneidbrett stürzen und in vier bis sechs gleich große Stücke schneiden. Die Stücke auf beiden Seiten großzügig mit Öl bestreichen und über *direkter starker Hitze* bei geschlossenem Deckel 4–6 Min. grillen, bis sie ein hübsches Grillmuster angenommen haben, dabei einmal wenden. Inzwischen das Ragout auf mittlerer Stufe nochmals erwärmen. Die Polentastücke auf einem Servierteller anrichten, mit Parmesanspänen bestreuen und jeweils 1 Löffel Ragout daraufgeben. Mit dem restlichen Basilikum garnieren und sofort servieren.

FÜR 4–6 PERSONEN ALS VORSPEISE

LINSENGEMÜSE
MIT GEGRILLTEN SALSICCE

ZUBEREITUNGSZEIT: 25 Min.
GRILLZEIT: etwa 1 Std.
ZUBEHÖR: grillfester Topf oder Dutch Oven

1 EL Olivenöl
120 g Pancetta, in ½ cm große Würfel
   geschnitten
2 mittelgroße Zwiebeln, fein gewürfelt
2 mittelgroße Möhren, fein gewürfelt
1 kleine Fenchelknolle, fein gewürfelt
200 g grüne Linsen (Puy-Linsen), abgebraust,
   abgetropft
750 ml salzarme Hühnerbrühe
250 ml trockener Weißwein
1 TL getrockneter Thymian
1 Lorbeerblatt
1 EL Rotweinessig
2 TL Dijon-Senf
1 TL grobes Meersalz
½ TL frisch gemahlener schwarzer Pfeffer
8 kleine rohe Salsicce (je 100 g)
2 EL fein gehackte glatte Petersilienblätter
   (nach Belieben)

1. Den Grill für direkte und indirekte mittlere Hitze (175–230 °C) vorbereiten.

2. Topf oder Dutch Oven über *direkte mittlere Hitze* stellen, Öl und Pancetta hineingeben und die Speckwürfel im offenen Topf bei geschlossenem Grilldeckel etwa 5 Min. braten, bis das Fett ausgetreten ist, dabei ab und zu umrühren. Bei Bedarf das Fett bis auf 1 EL entfernen. Zwiebeln, Möhren und Fenchel in den Topf geben und bei geschlossenem Grilldeckel 8–10 Min. dünsten, bis das Gemüse hell goldgelb und etwas weich ist, dabei ab und zu umrühren. Die Linsen unterrühren, dann Brühe, Wein, Thymian und Lorbeerblatt zufügen und alles über *direkter mittlerer Hitze* zum Köcheln bringen. Den Topf anschließend über *indirekte mittlere Hitze* stellen und das Linsengemüse im offenen Topf bei geschlossenem Grilldeckel 30–40 Min. köcheln lassen, bis die Linsen weich sind und kaum noch Flüssigkeit im Topf ist, dabei gelegentlich umrühren. Linsengemüse mit Essig, Senf, Salz und Pfeffer abschmecken.

3. Die Würstchen über *direkter mittlerer Hitze* bei geschlossenem Deckel 8–10 Min. grillen, bis sie gebräunt und durchgegart sind (Kerntemperatur 70 °C), dabei nach Bedarf wenden. Auf dem Linsengemüse anrichten und warm servieren.

FÜR 4–6 PERSONEN

BOHNENSUPPE
MIT MANGOLD UND SALSICCE

ZUBEREITUNGSZEIT: 30 Min.
GRILLZEIT: 37–47 Min.
ZUBEHÖR: grillfester Topf oder Dutch Oven

1 EL Olivenöl
4 rohe süßlich-milde Salsicce (je 100–120 g),
   das Wurstbrät aus der Pelle gedrückt
2 Stangen Bleichsellerie, fein gewürfelt
2 mittelgroße Zwiebeln, fein gewürfelt
2 mittelgroße Möhren, fein gewürfelt
2 TL fein gehackter Knoblauch
1 TL getrockneter Thymian
1 l salzarme Hühnerbrühe
1 Dose grob passierte Tomaten (400 g; Passata
   rustica)
2 EL Tomatenmark
1 Lorbeerblatt
1 TL Zucker
1 TL grobes Meersalz
½ TL frisch gemahlener schwarzer Pfeffer
1 Dose Cannellini-Bohnen (400 g), abgetropft
1 kleiner Mangold, Stiele und Mittelrippen
   entfernt, die Blätter in mundgerechte Stücke
   geschnitten
30 g geriebener Parmesan

1. Den Grill für direkte und indirekte mittlere Hitze
(175–230 °C) vorbereiten.

2. Den Topf oder Dutch Oven über *direkte mittlere
Hitze* stellen, das Öl hineingeben und 1 Min. erhitzen. Das Wurstbrät im heißen Öl 6–8 Min. braten,
bis es gebräunt ist, dabei mit einem Holzlöffel in
mundgerechte Stücke zerteilen und ab und zu umrühren. Mit einem Schaumlöffel herausheben und
auf einem Teller beiseitestellen.

3. Sellerie, Zwiebeln und Möhren in den Topf
geben und über *direkter mittlerer Hitze* bei geschlossenem Grilldeckel 6–8 Min. dünsten, bis das
Gemüse hell goldgelb und etwas weich ist, dabei
häufig umrühren. Dann Knoblauch und Thymian
etwa 1 Min. mitdünsten, bis sie aromatisch duften.
Die Brühe zugießen, passierte Tomaten, Tomatenmark, Lorbeerblatt, Zucker, Salz und Pfeffer
einrühren. Die Suppe über *direkter mittlerer Hitze*
zum Köcheln bringen, dann den Topf über *indirekte mittlere Hitze* stellen, einen Deckel auflegen
und die Suppe bei geschlossenem Grilldeckel
20–25 Min. köcheln lassen, bis sich die Aromen
verbunden haben. Wurstbrät, Bohnen und Mangoldblätter unterrühren und alles über *indirekter
mittlerer Hitze* bei geschlossenem Grilldeckel
weitere 3–4 Min. garen, bis der Mangold leicht
zusammengefallen ist, dabei gelegentlich umrühren. Die Suppe in tiefen Tellern anrichten und mit
Parmesan bestreut warm servieren.

FÜR 4–6 PERSONEN ALS VORSPEISE

TIPP!

Die farbenfrohe Suppe ähnelt der italienischen Gemüsesuppe Minestrone, das gebratene Wurstbrät verleiht ihr jedoch zusätzliches Gewicht und einen intensiveren
Geschmack, da auch das *soffritto* im ausgelassenen Fett des Wurstbräts gedünstet
wird. Mit den Mangoldblättern bringen Sie
nicht nur Farbe in die rustikale Suppe, sondern auch ein Mehr an Nährstoffen – die
Blätter dürfen aber nur kurz mitgegart werden, sonst verlieren sie ihre leuchtende
Farbe. Anstelle des Mangolds können Sie
auch Grünkohl verwenden.

TOMATEN-PANINI
MIT WÜRSTEN, MOZZARELLA UND BASILIKUM

ZUBEREITUNGSZEIT: 30 Min.
GRILLZEIT: 20–24 Min.
**ZUBEHÖR: 2 in Alufolie eingewickelte
Ziegelsteine oder eine gusseiserne Pfanne**

4 rohe Salsicce (je 100–120 g)
3 EL Olivenöl
1 Knoblauchzehe, leicht angedrückt
⅛ TL rote Chiliflocken
350 ml grob passierte Tomaten (Passata rustica)
15 Basilikumblätter
¼ TL grobes Meersalz
4 Focaccia-Brote (je etwa 15 cm lang und
    10 cm breit), aufgeschnitten
250 g Mozzarella, in dünne Scheiben geschnitten

1. Den Grill für direkte und indirekte mittlere Hitze (175–230 ºC) vorbereiten.

2. Die Würste über *direkter mittlerer Hitze* bei geschlossenem Deckel 10–12 Min. grillen, bis sie durchgegart sind (Kerntemperatur 70 ºC), dabei gelegentlich wenden. Vom Grill nehmen und 5 Min. abkühlen lassen. Anschließend die Würste der Länge nach in drei Scheiben schneiden.

3. Einen mittelgroßen Topf auf mittlerer Stufe erhitzen. Öl, Knoblauch und Chiliflocken hineingeben und die Gewürze etwa 30 Sek. im heißen Öl verrühren, bis sie duften. Die passierten Tomaten unterrühren und aufkochen lassen, dann die Hitze reduzieren und die Sauce im offenen Topf 10–15 Min. einköcheln, bis sie eine streichfähige Konsistenz hat. Ab und zu umrühren. Den Topf vom Herd nehmen. 3 Basilikumblätter in die Sauce rühren, bis sie zusammenfallen. Die Knoblauchzehe entfernen und die Sauce salzen.

4. Beide Schnittflächen der Focaccia-Brote mit je 2 EL Sauce bestreichen. Die Unterseite der Brote jeweils mit 3 Scheiben Wurst belegen, darauf Mozzarellascheiben geben und auf den Käse jeweils 3 Basilikumblätter legen. Die Brote zusammenklappen.

5. Die gefüllten Focaccia-Brote nebeneinander über *indirekte mittlere Hitze* legen, auf die Brote ein Backblech legen und das Blech mit den Ziegelsteinen oder der Gusseisenpfanne beschweren. Die Brote bei geschlossenem Deckel 10–12 Min. grillen, bis sie leicht geröstet sind und der Käse etwas geschmolzen ist, dabei einmal wenden. Die Panini diagonal halbieren und sofort servieren.

FÜR 4 PERSONEN

28

SALAT-WRAPS
MIT WÜRSTCHEN UND TEQUILA-ANANAS-SALSA

ZUBEREITUNGSZEIT: 25 Min.
RUHEZEIT: bis zu 4 Std.
GRILLZEIT: 9–12 Min.

Für die Salsa

350 g Ananasscheiben, in ½ cm große Stücke
  geschnitten, oder 1 Dose Ananasscheiben
  (560 g), abgetropft und in Stücke geschnitten
1 kleine rote Paprikaschote, in ½ cm große
  Stücke geschnitten
2 EL sehr fein gewürfelte weiße Zwiebeln
2 EL fein gehackte Korianderblätter
1 EL Tequila (vorzugsweise Añejo)
12 Minzeblätter, grob gehackt
2 TL fein gehackte Chipotle-Chilischoten in
  Adobo-Sauce, mit etwas Sauce
½ TL grobes Meersalz

4 rohe Salsicce (je 100–120 g)
1 kleiner Kopfsalat, Strunk entfernt, Blätter
  gewaschen und trockengeschleudert

1. Die Zutaten für die Salsa in einer Glas- oder Keramikschüssel mischen. Vor dem Servieren abgedeckt bis zu 4 Std. im Kühlschrank durchziehen lassen (nicht länger, sonst werden die Ananasstücke zu weich).

2. Den Grill für direkte mittlere Hitze (175–230 °C) vorbereiten.

3. Die Würste über *direkter mittlerer Hitze* bei geschlossenem Deckel 9–12 Min. grillen, bis sie durchgegart sind (Kerntemperatur 70 °C), dabei gelegentlich wenden. Vom Grill nehmen, etwas abkühlen lassen und in mundgerechte Stücke schneiden.

4. Ein feines Sieb über einen Messbecher oder eine Schüssel mit Ausguss (Fassungsvermögen 500–1000 ml) hängen. Die Salsa ins Sieb geben und abtropfen lassen. Salsa anschließend in eine kleine Servierschüssel umfüllen, den aufgefangenen Salsa-Tequila nach Belieben in Schnapsgläser gießen. Auf den Salatblättern jeweils ein paar Wurststücke und etwas Salsa anrichten und die Blätter um die Füllung wickeln. Dazu nach Belieben den Salsa-Tequila servieren.

FÜR 4 PERSONEN,
FÜR 6–8 PERSONEN ALS VORSPEISE

WEISSWÜRSTE
MIT SELBST GEMACHTEN BREZELN

ZUBEREITUNGSZEIT: 30 Min.
GEHZEIT DES TEIGS: etwa 1 ½ Std.
GRILLZEIT: 40–55 Min.
ZUBEHÖR: Pizzastein, 2 passende Backbleche für den Pizzastein

225 ml Lagerbier, raumtemperiert
1 EL Zucker
1 Päckchen Trockenhefe (7 g)
Öl
1 ½ TL grobes Meersalz
250–375 g Mehl
2 EL Speisenatron
1 Eigelb (Größe L)
Brezelsalz oder grobes Meersalz
helle und dunkle Sesamsamen, Mohnsamen
16 Weißwürste (je etwa 120 g)
süßer Senf

1. In einer großen Schüssel Bier und Zucker verrühren. Die Hefe darüberstreuen und die Mischung 5 Min. stehen lassen. 2 EL Öl und das Salz einrühren, dann 250 g Mehl einarbeiten, bis ein klebriger Teig entsteht, der aber nicht so feucht sein darf, dass er an den Fingern kleben bleibt. Den Teig auf einer bemehlten Arbeitsfläche etwa 5 Min. durchkneten, bis cr glatt und geschmeidig ist, dabei nach Bedarf weiteres Mehl (etwa 3 EL) unterkneten.

2. Eine mittelgroße Schüssel dünn mit Öl auspinseln. Den Teig zu einer Kugel formen und in der Schüssel wenden, bis er rundherum mit Öl überzogen ist. Die Schüssel mit Frischhaltefole abdecken und den Teig an einem warmen Ort etwa 1 ¼ Std. gehen lassen, bis er sein Volumen verdoppelt hat. Inzwischen die Backbleche mit Öl bepinseln.

3. Den Teig auf einer trockenen Arbeitsfläche in acht gleich große Stücke teilen. Die Stücke mit den Handballen jeweils zu einem etwa 50 cm langen Strang rollen. Sollte sich der Teigstrang dabei zusammenziehen, mit einem sauberen Küchentuch bedecken und vor der Weiterverarbeitung einige Minuten ruhen lassen. Zum Brezelformen die Teigstränge jeweils zu einem U formen, die offene Seite nach unten zeigen lassen. Die Teigschlingen im unteren Drittel kreuzweise übereinanderlegen, dann den oberen Teigbogen (»Brezelbauch«) mit einem Abstand von etwa 2 ½ cm zu den Schlingenenden nach unten falten. Die Enden fest in den Brezelbauch drücken. Jeweils 4 Brezelrohlinge vorsichtig und mit genügend Abstand zueinander auf die Bleche legen, locker mit Frischhaltefolie abdecken und an einem warmen Ort 20 Min. gehen lassen.

4. Den Grill für direkte und indirekte schwache bis mittlere Hitze (175–200 °C) vorbereiten. Den Pizzastein nach Herstelleranweisung über indirekter Hitze vorheizen.

5. In einem großen weiten Topf 2 l Wasser mit dem Natron verrühren und auf hoher Stufe aufkochen. Die Hitze auf mittelschwach reduzieren. Ein Geschirrtuch in der Mitte falten und neben den Herd legen. 2 Brezelrohlinge vorsichtig ins heiße Wasser geben und 30 Sek. ziehen lassen; nach Bedarf die Hitze regulieren, damit das Wasser gleichmäßig siedet. Dann die Rohlinge mit einem Schaumlöffel wenden und 30 Sek. weiterziehen lassen. Herausheben, auf dem Geschirrtuch abtropfen lassen und auf das Blech legen. Die übrigen Rohlinge genauso vorbereiten.

6. In einer kleinen Schüssel das Eigelb mit 2 TL Wasser verquirlen. Die Oberseite der Brezelrohlinge mit dem Eigelb bestreichen und mit Salz,

Sesam- und Mohnsamen bestreuen. Eines der Brezelbleche locker mit Frischhaltefolie abdecken und beiseitestellen. Das andere Blech auf den Pizzastein geben und die Brezeln über *indirekter schwacher bis mittlerer Hitze* bei geschlossenem Deckel in 15–20 Min. goldbraun backen, dabei während der letzten 10 Min. zum gleichmäßigen Bräunen das Blech oder die einzelnen Brezeln hin und wieder drehen. Das Blech vom Grill und die Brezeln sofort vom heißen Blech nehmen. Die übrigen vier Rohlinge genauso backen.

7. Die Grilltemperaur auf mittlere bis starke Hitze (200–230 °C) erhöhen. Einen großen Topf (6 l Inhalt) zur Hälfte mit Wasser füllen. Einen Deckel auflegen und das Wasser auf dem Grill über *direkter mittlerer bis starker Hitze* bei geschlossenem Grilldeckel zum Köcheln bringen. Den Topf anschließend über *indirekte mittlere bis starke Hitze* stellen und die Weißwürste 10–15 Min. im heißen Wasser ziehen lassen, bis sie durcherhitzt sind. Das Wasser darf auf keinen Fall kochen, prüfen Sie also immer wieder die Wassertemperatur und reduzieren Sie gegebenenfalls die Grillhitze. Weißwürste auf Tellern anrichten und warm mit den Brezeln und süßem Senf servieren.

FÜR 8 PERSONEN

IM GRILL GERÄUCHERTE WEISSWÜRSTE
MIT MEERRETTICHCREME UND SAUERKRAUT

ZUBEREITUNGSZEIT: 10 Min.
GRILLZEIT: etwa 20 Min.
ZUBEHÖR: 2 große Handvoll Apfelholz-Chips, mind. 30 Min. gewässert

Für die Creme

100 g Schmand
2 EL Meerrettich (aus dem Glas)
1 EL fein gehackte Dillspitzen
¼ TL grobes Meersalz (aus dem Glas)
⅛ TL frisch gemahlener schwarzer Pfeffer

8 Weißwürste (je etwa 120 g)
500 g Sauerkraut

1. Für die Creme in einer Schüssel den Schmand mit den restlichen Zutaten glatt rühren.

2. Den Grill für indirekte schwache Hitze (150–175 °C) vorbereiten.

3. Die Holz-Chips abtropfen lassen und direkt auf die Glut oder nach Herstelleranweisung in die Räucherbox des Gasgrills geben. Den Grilldeckel schließen. Sobald Rauch entsteht, die Weißwürste über *indirekter schwacher Hitze* bei geschlossenem Deckel etwa 20 Min. grillen, bis sie durcherhitzt und prall sind, dabei ein- bis zweimal wenden.

4. Das Sauerkraut in einem Topf 5–10 Min. auf kleiner Stufe erhitzen; ab und zu umrühren. Die Würste warm mit Meerrettichcreme und Sauerkraut servieren.

FÜR 4 PERSONEN

TIPP!

Die Herstellung und Zubereitung frischer Weißwürste hat in Bayern eine lange Tradition. Die Würste müssen behutsam im Wasser erhitzt werden und dürfen das »Zwölf-Uhr-Mittagsläuten« nicht mehr hören. Sie gehören zu den Würsten, deren Haut man nicht mitessen kann, weshalb sie entweder nach bayerischer Art »gezuzelt« werden (von einem Ende her wird die Wurst u.a. mit den Zähnen herausgezogen) oder der Saitling wird längs aufgeschnitten und die Wurst mit Gabel und Messer herausgedreht. Das behutsame Erhitzen soll übrigens verhindern, dass die Haut platzt – in Bayern ein Sakrileg! Für die Zubereitung von Weißwürsten auf dem Grill ist direkte Grillhitze wegen der zarten Wursthaut also nicht geeignet, aber das langsame Räuchern über *indirekter schwacher Hitze* ist eine wunderbare Art der Zubereitung, auch wenn sie allen bayerischen Traditionen zuwiderläuft: Die Haut bleibt intakt, und die Wurst nimmt eine delikate Rauchnote an, die zu einer köstlichen Geschmackserweiterung der bayerischen Weißwursttradition führt.

WEISSWÜRSTE
MIT BOHNEN-TOMATEN-GEMÜSE UND SPECK

ZUBEREITUNGSZEIT: 20 Min.
GRILLZEIT: 24 Min.
ZUBEHÖR: grillfester Wok oder gusseiserne Pfanne (Ø 30 cm)

4 dicke Scheiben Frühstücksspeck,
    grob gewürfelt
1 mittelgroße Zwiebel, fein gewürfelt
350 g grüne Bohnen, in 2½ cm große Stücke
    geschnitten
1 große Knoblauchzehe, fein gehackt
250 ml salzarme Hühnerbrühe
1 EL fein gehackte Majoranblätter
400 g Cocktailtomaten, durch den Stielansatz
    halbiert
1 TL grobes Meersalz
¼ TL frisch gemahlener schwarzer Pfeffer
4 Weißwürste (je etwa 120 g)
knuspriges Brot (nach Belieben)

1. Den Grill für direkte mittlere Hitze (175–230 °C) vorbereiten.

2. Den Wok auf dem Rost bei geschlossenem Grilldeckel etwa 10 Min. vorheizen. Alle Zutaten bis auf das Brot griffbereit neben den Grill stellen.

3. Die Speckwürfel im vorgeheizten Wok über *direkter mittlerer Hitze* bei geschlossenem Deckel etwa 5 Min. anbräunen, dabei ab und zu umrühren. Zwiebel zufügen und unter gelegentlichem Rühren 5 Min. mitdünsten, bis sie weich ist. Bohnen und Knoblauch dazugeben und etwa 3 Min. garen, bis die Bohnen knackig-zart sind. Ab und zu umrühren. Die Brühe zugießen, den Majoran einrühren und alles etwa 3 Min. unter gelegentlichem Rühren einköcheln lassen. Cocktailtomaten mitsamt dem ausgetretenen Saft zugeben. Das Gemüse mit Salz und Pfeffer würzen und die Weißwürste einlegen. Alles behutsam etwa 8 Min. weiterköcheln lassen, bis die Würste anfangen prall zu werden und die Brühe um etwa die Hälfte reduziert ist. Während der gesamten Garzeit den Grilldeckel möglichst oft geschlossen halten. Den Wok vorsichtig vom Grill nehmen, mit Alufolie abdecken und die Würste noch 5 Min. im heißen Gemüse ziehen lassen.

4. Bohnen-Tomaten-Gemüse und Weißwürste in tiefen Tellern anrichten und warm servieren. Nach Belieben knuspriges Brot dazu reichen.

FÜR 4 PERSONEN

GEGRILLTE BRATWÜRSTE
MIT TOMATEN-MAIS-RELISH

ZUBEREITUNGSZEIT: 15 Min.
GRILLZEIT: 15–20 Min.

Für das Relish

4 EL Apfelessig
3 EL dunkelbrauner Zucker
½ TL rote Chiliflocken
½ TL getrockneter Thymian
150 g Maiskörner (von etwa 1 Maiskolben)
2 Eiertomaten (keine vollreifen Früchte),
    entkernt, in 1 cm große Würfel geschnitten
1 grüne Paprikaschote, fein gewürfelt
4 EL fein gehackte rote Zwiebeln
1 mittelgroße Jalapeño-Chilischote, entkernt,
    sehr fein gewürfelt

6 rohe Bratwürste
6 Hot-Dog-Brötchen, aufgeschnitten
scharfer Senf

1. Den Grill für direkte schwache bis mittlere Hitze (150–175 °C) vorbereiten.

2. In einem mittelgroßen Topf den Essig mit 4 EL Wasser, Zucker, Chiliflocken und Thymian verrühren. Auf mittlerer bis hoher Stufe aufkochen und 1 Min. kochen lassen. Mais, Tomaten, Paprika- und Chilischote in den Essigsud geben und erneut aufkochen lassen. Die Hitze auf mittlere Stufe reduzieren und das Relish 10 Min. köcheln lassen, dabei ab und zu umrühren. Vom Herd nehmen und auf Raumtemperatur abkühlen lassen.

3. Die Bratwürste über *direkter schwacher bis mittlerer Hitze* bei geschlossenem Deckel 15–20 Min. grillen, bis sie durchgegart sind (Kerntemperatur 70 °C), dabei gelegentlich wenden. Während der letzten 30–60 Sek. die Brötchen mit den Schnittflächen nach unten über direkter Hitze rösten.

4. In den Brötchenhälften jeweils 1 Bratwurst mit Senf und Relish anrichten und warm servieren.

FÜR 6 PERSONEN

TIPP!

Das köstliche Relish wird in den USA Chowchow genannt und vor allem im Hochsommer zubereitet. Kaufen Sie den Mais so frisch wie möglich und bereiten Sie ihn am besten gleich zu, denn je länger er nach der Ernte lagert, desto mehr Zucker verwandelt sich in mehlig schmeckende Stärke – und das bedeutet weniger Süße und Aroma.

IN BIER GESCHMORTE BRATWÜRSTE
MIT SAUERKRAUT, ZWIEBELN UND CHILIS

ZUBEREITUNGSZEIT: 15 Min.
GRILLZEIT: 24–26 Min.
ZUBEHÖR: große Einweg-Aluschale

350 ml Lagerbier
Dijon- oder scharfer Senf
2 EL hellbrauner Zucker
½ TL gemahlene Koriandersamen
2 mittelgroße Zwiebeln, halbiert,
   in feine Scheiben geschnitten
6 rohe Bratwürste
500 g Sauerkraut, abgetropft
2 Jalapeño-Chilischoten, entkernt, fein gewürfelt
6 Baguette- oder Sandwich-Brötchen,
   aufgeschnitten

1. Den Grill für direkte mittlere Hitze (175–230 ºC) vorbereiten

2. Das Bier mit 2 EL Senf, braunem Zucker und Koriander verrühren.

3. Die Zwiebeln in der großen Aluschale gleichmäßig verteilen. Die Bratwürste darauflegen und mit dem Biersud übergießen. Die Schale über *direkte mittlere Hitze* stellen und den Sud bei geschlossenem Grilldeckel zum Köcheln bringen. Die Würste im köchelnden Sud 20 Min. garen, dabei zwei- bis dreimal wenden. Anschließend Sauerkraut und Chilischoten dazugeben und 2–3 Min. mitgaren.

4. Die Bratwürste aus der Schale nehmen und auf dem Rost über *direkter mittlerer Hitze* bei geschlossenem Deckel 2–3 Min. grillen, bis sie schön gebräunt und durchgegart sind (Kerntemperatur 70 ºC), dabei einmal wenden. Während der letzten 30 Sek. die Brötchen mit den Schnittflächen nach unten über direkter Hitze rösten.

5. In jedes Brötchen 1 Bratwurst und darauf Senf und Sauerkraut geben. Warm servieren.

FÜR 6 PERSONEN

IN APFELSAFT GESCHMORTE BRATWÜRSTE
MIT SPECK UND GEBRÄUNTEM SAUERKRAUT

ZUBEREITUNGSZEIT: 15 Min.
GRILLZEIT: 16–22 Min.
ZUBEHÖR: große Einweg-Aluschale

6 Scheiben Frühstücksspeck
1 mittelgroße Zwiebel, halbiert,
   in feine Scheiben geschnitten
3 Knoblauchzehen, zerdrückt oder
   durchgepresst
250 g Sauerkraut, gut abgetropft
750 ml frisch gepresster Apfelsaft
   (ersatzweise 100 % Direktsaft)
4 EL Ahornsirup
6 rohe Bratwürste
6 weiche längliche Brötchen, aufgeschnitten
körniger Senf

1. Den Grill für direkte starke Hitze (230–290 ºC) vorbereiten.

2. In einer großen Pfanne den Speck auf mittlerer Stufe in 10–12 Min. von allen Seiten knusprig braten und auf Küchenpapier entfetten. Das Fett in der Pfanne bis auf 2 EL abgießen. Die Pfanne zurück auf mittlere Stufe stellen. Zwiebel und Knoblauch darin 2–3 Min. unter häufigem Rühren dünsten, bis sie etwas weicher sind. Das Sauerkraut unterrühren und 4–5 Min. bräunen. Vom Herd nehmen und beiseitestellen.

3. In der großen Einweg-Aluschale Apfelsaft und Ahornsirup verrühren. Die Bratwürste einlegen, die Schale über *direkte starke Hitze* stellen und den Saftsirup bei geschlossenem Grilldeckel zum Köcheln bringen. Anschließend die Bratwürste im köchelnden Sud 15–20 Min. schmoren, bis sie gleichmäßig Farbe angenommen haben und nicht mehr roh aussehen, dabei gelegentlich wenden. Die Würste aus der Schale nehmen und auf dem Rost über *direkter starker Hitze* bei geschlossenem Deckel 1–2 Min. grillen, bis sie schön gebräunt und durchgegart sind (Kerntemperatur 70 ºC), dabei ein- bis zweimal wenden. Während der letzten 30–60 Sek. die Brötchen mit den Schnittflächen nach unten über direkter Hitze rösten.

4. Das Sauerkraut in der Pfanne auf mittlerer Stufe aufwärmen. Die Schnittflächen der Brötchen mit Senf bestreichen und zwischen die Hälften je 1 Bratwurst, 1 Scheibe Speck und Sauerkraut geben. Warm servieren.

FÜR 6 PERSONEN

TIPP!

Sauerkraut schmeckt auch als Füllung oder Belag fantastisch, und wenn Sie es wie in diesem Rezept im Speckfett anbräunen, gleich doppelt so gut. Je nach Marke ist der Salzgehalt des Sauerkrauts unterschiedlich hoch, deshalb sollten Sie es vor der Zubereitung probieren und überschüssiges Salz gegebenenfalls abspülen – anschließend das Kraut gut abtropfen lassen. In jedem Supermarkt gibt es Sauerkraut in Dosen, viel besser schmeckt es jedoch aus dem Kühlregal oder ganz frisch vom Markt.

HOT-DOG-BRATWÜRSTE
MIT APFEL-MEERRETTICH-CREME

ZUBEREITUNGSZEIT: 15 Min.
GRILLZEIT: 15–20 Min.

Für die Creme

100 g Schmand
1 Apfel, fein gewürfelt
4 EL Meerrettich (aus dem Glas)
2 EL Mayonnaise
2 EL Schnittlauchröllchen
1 TL fein abgeriebene Schale von 1 Bio-Zitrone
2 TL frisch gepresster Zitronensaft
½ TL Zucker
½ TL grobes Meersalz

8 rohe Bratwürste
8 Hot-Dog-Brötchen, aufgeschnitten
Dijon-Senf

1. Den Grill für direkte schwache bis mittlere Hitze (150–175 °C) vorbereiten.

2. In einer mittelgroßen Schüssel die Zutaten für die Creme glatt rühren. Bis zum Servieren abgedeckt in den Kühlschrank stellen.

3. Die Bratwürste über *direkter schwacher bis mittlerer Hitze* bei geschlossenem Deckel 15–20 Min. grillen, bis sie durchgegart sind (Kerntemperatur 70 °C), dabei ab und zu wenden. Während der letzten 30–60 Sek. die Brötchen mit den Schnittflächen nach unten über direkter Hitze rösten.

4. In den Brötchen jeweils 1 Bratwurst anrichten und darauf Senf und Apfel-Meerrettich-Creme geben. Sofort servieren.

FÜR 8 PERSONEN

TIPP!

Für die Apfel-Meerrettich-Creme am besten einen knackig-süßen Apfel verwenden, um die Schärfe des Meerrettichs auszugleichen. Ungeschälte rotschalige Äpfel verleihen der Creme zudem eine hübsche Farbe. Wer gerne schärfer isst, sollte die Creme anstelle von Tafel- oder Sahnemeerrettich mit scharfem Meerrettich zubereiten.

BRATWURSTSANDWICH
MIT PIKANTEM GEMÜSE IN KOREANISCHEM DRESSING

ZUBEREITUNGSZEIT: **25 Min.**
MARINIERZEIT: **2–24 Std.**
GRILLZEIT: **15–20 Min.**

Für das Gemüse

3 EL Reisessig
1 EL weiße Misopaste (Sojabohnenpaste
   aus dem Asialaden)
2 TL Zucker
2 TL sehr fein gehackter Ingwer
3 Knoblauchzehen, sehr fein gehackt
½ TL rote Chiliflocken
2 EL Öl
1 EL Sesamöl aus gerösteten Samen
4 große Möhren, grob geraspelt
6 große Radieschen, grob geraspelt
2 Frühlingszwiebeln, nur die weißen und
   hellgrünen Abschnitte fein gehackt
2 EL fein gehackte Korianderblätter
grobes Meersalz

6 rohe Kalbs- oder Schweinsbratwürste,
   (je 100–120 g), längs eingeschnitten
   (aber nicht durchschneiden!)
6 weiche längliche Brötchen, aufgeschnitten

1. Für das Gemüse in einer mittelgroßen Schüssel den Essig mit Miso, 1 EL Wasser, Zucker, Ingwer, Knoblauch und Chiliflocken verrühren, bis sich die Misopaste aufgelöst hat. Anschließend nach und nach beide Öle mit einem Schneebesen unterrühren. Möhren, Radieschen, Frühlingszwiebeln und Korianderblätter in der Schüssel gleichmäßig mit dem Dressing anmachen und mit Salz abschmecken. Abgedeckt mind. 2 Std. oder bis zu 24 Std. im Kühlschrank durchziehen lassen.

2. Den Grill für direkte schwache bis mittlere Hitze (175–200 °C) vorbereiten.

3. Die Bratwürste über *direkter schwacher bis mittlerer Hitze* bei geschlossenem Deckel 15–20 Min. grillen, bis sie durchgegart sind (Kerntemperatur 70 °C), dabei gelegentlich wenden. Während der letzten 30–60 Sek. die Brötchen mit den Schnittflächen nach unten über direkter Hitze rösten.

4. In den Brötchen jeweils 1 Bratwurst anrichten und darauf Gemüse geben. Sofort servieren.

FÜR **6** PERSONEN

TIPP!

Immer häufiger halten asiatische Aromen in der Grillküche Einzug, so auch in der Füllung dieses Wurstsandwiches. Das pikante Gemüse hier macht Anleihen an die koreanische Nationalspeise Kimchi, bei der das Gemüse traditionell ein paar Tage vergoren wird. Mit der Zugabe der Misopaste (die aus fermentierten Sojabohnen hergestellt wird) erreicht man innerhalb weniger Stunden geschmacklich den »Kimchi-Effekt«.

RUCOLA-TOMATEN-SALAT
MIT GEGRILLTER BRATWURST, ZWIEBELN UND SPECK-VINAIGRETTE

ZUBEREITUNGSZEIT: 15 Min.
GRILLZEIT: 12–20 Min.

Für die Vinaigrette
4 dicke Scheiben Frühstückspeck
2 mittelgroße Schalotten, fein gewürfelt
1 EL Weißweinessig
1 EL Dijon-Senf
¾ TL grobes Meersalz
¼ TL frisch gemahlener schwarzer Pfeffer

Olivenöl
2 mittelgroße rote Zwiebeln, quer in 1 cm dicke
   Scheiben geschnitten
4 rohe Bratwürste (je 100–120 g)
200 g zarte Rucolablätter
150 g Datteltomaten, längs halbiert
1 Salatgurke, längs halbiert,
   in Scheiben geschnitten

1. Den Grill für direkte schwache bis mittlere Hitze (150–175 °C) vorbereiten.

2. In einer mittelgroßen Pfanne den Speck auf mittlerer Stufe in 10–12 Min. von allen Seiten knusprig braten. Herausnehmen und auf Küchenpapier entfetten. Die Pfanne mit dem Speckfett zurück auf mittlere Stufe stellen und die Schalotten darin 1 Min. dünsten. Pfanne vom Herd nehmen, Essig, Senf, Salz, Pfeffer und 2 EL Öl einrühren.

3. Die Zwiebelscheiben auf beiden Seiten dünn mit Öl bepinseln und auf dem Rost über *direkter schwacher bis mittlerer Hitze* bei geschlossenem Deckel 12–15 Min. grillen, bis sie weich sind, dabei ein- bis zweimal wenden. Gleichzeitig die Bratwürste über *direkter schwacher bis mittlerer Hitze* 15–20 Min. grillen, bis sie durchgegart sind (Kerntemperatur 70 °C), dabei ab und zu wenden. Fertige Zwiebeln und Würste vom Grill nehmen, etwas abkühlen lassen und dann beides in mundgerechte Stücke schneiden.

4. In einer großen Schüssel Zwiebeln und Würste mit Rucola, Tomaten und Gurkenscheiben mischen und mit der Vinaigrette anmachen. Den Speck darüberkrümeln, den Salat noch einmal durchmischen und sofort servieren.

FÜR 4–6 PERSONEN

40

ITALIENISCHES WURSTSANDWICH
MIT BALSAMICO-MAYONNAISE UND PEPERONI

ZUBEREITUNGSZEIT: 20 Min.
GRILLZEIT: 8–10 Min.

Für die Mayonnaise

4 EL Mayonnaise
1 EL Dijon-Senf
2 TL Aceto balsamico
¼ TL naturreines grobes Meersalz
⅛ TL frisch gemahlener schwarzer Pfeffer

Für die Frikadellen

1 EL Olivenöl
1 mittelgroße Zwiebel, fein gewürfelt
3 Knoblauchzehen, zerdrückt oder
   durchgepresst
500 g rohes Wurstbrät von italienischen
   Salsicce
250 g Rinderhackfleisch (Fettanteil 10 %)
4 EL fein gehackte glatte Petersilienblätter

4 längliche Brötchen aus Sauerteig
   (je 15–17 cm), aufgeschnitten
½ kleines Glas milde grüne Peperoni,
   die Schoten in Ringe geschnitten

1. Die Zutaten für die Mayonnaise glatt rühren.

2. Für die Frikadellen das Öl in einer Pfanne auf mittlerer bis hoher Stufe erhitzen. Zwiebel und Knoblauch darin unter häufigem Rühren 2–3 Min. andünsten, bis sie etwas weicher sind. Vom Herd nehmen und 5 Min. abkühlen lassen.

3. Das Wurstbrät mit Hackfleisch, Petersilie und dem abgekühlten Zwiebel-Knoblauch-Mix gleichmäßig vermengen. Aus der Masse behutsam vier rechteckige, etwa 2 cm dicke Frikadellen in der Länge der Brötchen formen. Mit dem Daumen oder Rücken eines Teelöffels in der Mitte der Frikadellen jeweils eine flache, 5 cm lange und 2 ½ cm breite Vertiefung drücken, damit sich die Frikadellen auf dem Grill nicht wölben. Bis zum Grillen in den Kühlschrank stellen.

4. Den Grill für direkte mittlere bis starke Hitze (200–260 °C) vorbereiten.

5. Die Frikadellen über *direkter mittlerer bis starker Hitze* bei geschlossenem Deckel 8–10 Min. grillen, bis sie medium (halb durch) sind (Kerntemperatur 70 °C), dabei einmal wenden. Während der letzten 30–60 Sek. die Brötchen mit den Schnittflächen nach unten über direkter Hitze rösten.

6. Die Schnittflächen der Brötchen mit Balsamico-Mayonnaise bestreichen, in den Brötchen jeweils 1 Frikadelle und Peperoni-Ringe anrichten und die Wurstsandwiche warm servieren.

FÜR 4 PERSONEN

HACKFLEISCHWÜRSTE
MIT SPECK UND APFEL-SULTANINEN-CHUTNEY

ZUBEREITUNGSZEIT: **1 Std.**
KÜHLZEIT: **½– 4 Std.**
GRILLZEIT: **11–13 Min.**

Für das Chutney

1 TL Senfsamen
¾ TL grobes Meersalz
½ TL Currypulver
¼ TL gemahlener Kreuzkümmel
⅛ TL gemahlener Cayennepfeffer
2 EL Öl
1 weiße Zwiebel, grob gewürfelt
3 große Äpfel (vorzugsweise Golden Delicious),
   geschält, entkernt, in ½ cm große Würfel
   geschnitten
2½ EL Weißwein- oder Champagneressig
1½ EL Honig
75 g Sultaninen
2 EL fein gehackte Minzeblätter
1 EL frisch gepresster Zitronensaft

Für die Würste

600 g mageres Schweinehackfleisch
250 g Frühstücksspeck, sehr fein gewürfelt
3 Frühlingszwiebeln, nur die weißen und
   hellgrünen Abschnitte sehr fein gehackt
1 EL fein gehackte Minzeblätter
4 mittelgroße Knoblauchzehen, sehr fein gehackt
¾ TL grobes Meersalz
½ TL frisch gemahlener schwarzer Pfeffer

Olivenöl
Senf

1. Für das Chutney Senfsamen, Salz, Currypulver,
Kreuzkümmel und Cayennepfeffer mischen.

2. In einem Topf das Öl auf mittlerer bis hoher Stufe erhitzen. Die Zwiebel darin unter gelegentlichem
Rühren 6–8 Min. dünsten, bis sie weich ist, aber
keine Farbe angenommen hat, dabei nach Bedarf
die Hitze reduzieren. Äpfel, Gewürzmischung, Essig und Honig einrühren und alles zugedeckt etwa
5 Min. behutsam köcheln lassen, bis die Apfelwür-
fel etwas weich sind, dabei gelegentlich umrühren.
Die Sultaninen unterrühren und das Chutney zugedeckt weitere 6–8 Min. köcheln lassen, bis die
Sultaninen weich sind. Den Topf vom Herd nehmen und das Chutney auf Raumtemperatur abkühlen lassen. Anschließend Minze und Zitronensaft
unterrühren. In eine Servierschüssel oder für eine
spätere Verwendung in ein sterilisiertes Einmachglas geben. (Das Chutney hält sich abgedeckt im
Kühlschrank bis zu 6 Tage.)

3. Die Zutaten für die Würste gleichmäßig vermengen. Aus der Hackfleischmasse behutsam acht
flache, ovale Frikadellen mit einer Länge von etwa
10 cm und einem Gewicht von etwa 100 g formen.
Die Wurstfrikadellen mind. 30 Min. oder bis zu
4 Std. kalt stellen (mit Frischhaltefolie abdecken,
wenn die Frikadellen länger als 1 Std. kühlen).

4. Den Grill für direkte mittlere Hitze
(175–230 ºC) vorbereiten.

5. Die Frikadellen auf beiden Seiten dünn mit
Öl bepinseln und 5–10 Min. Raumtemperatur annehmen lassen. Anschließend über *direkter mittlerer Hitze* bei geschlossenem Deckel 11–13 Min.
grillen, bis das Hackfleisch durchgegart ist (Kerntemperatur 70 ºC), dabei nach 5 Min. Grillzeit
einmal wenden. Die Wurstfrikadellen auf einem
Chutneybett auf einzelnen Tellern anrichten und
servieren. Dazu Senf reichen.

MINI-HACKFLEISCHWÜRSTE
MIT EINGELEGTEN ZWIEBELN, FLADENBROT UND SENF

ZUBEREITUNGSZEIT: 40 Min.
GRILLZEIT: 8–10 Min.

Für die Zwiebeln

1 TL fein abgeriebene Schale von 1 Bio-Zitrone
2 EL frisch gepresster Zitronensaft
1 EL Olivenöl
2 TL Zucker
½ TL grobes Meersalz
¼ TL frisch gemahlener schwarzer Pfeffer
2 mittelgroße rote Zwiebeln, halbiert,
   in sehr feine Scheiben geschnitten

Für die Würstchen

600 g mageres Schweinehackfleisch
250 g Rinderhackfleisch (Fettanteil 10 %)
5 EL fein gehackte glatte Petersilienblätter
2 EL Olivenöl
6 Knoblauchzehen, zerdrückt oder
   durchgepresst
1 EL geräuchertes Paprikapulver
1 ½ TL Fenchelsamen
1 ½ TL grobes Meersalz
1 TL frisch gemahlener schwarzer Pfeffer
1 TL gemahlener Kreuzkümmel
¾ TL getrockneter Thymian
¼ TL Safranfäden, zerstoßen (nach Belieben)

Fladenbrot
scharfer Senf
Zitronenspalten

1. Für die Zwiebeln Zitronenschale und -saft mit Öl, Zucker, Salz und Pfeffer verrühren und die Zwiebelscheiben einlegen. Beiseitestellen.

2. Die Zutaten für die Würstchen gleichmäßig vermengen. Aus der Masse 24 Würstchen formen, je etwa 7 cm lang und 2 ½ cm dick. Beim Formen der Würste das Hackfleisch jeweils etwas zusammendrücken, damit die Würstchen auf dem Grill nicht auseinanderfallen. Die Würstchen bis zum Grillen kalt stellen.

3. Den Grill für indirekte mittlere Hitze (175–230 °C) vorbereiten.

4. Die Würstchen über *indirekter mittlerer Hitze* bei geschlossenem Deckel 8–10 Min. grillen, bis sie medium (halb durch) sind (Kerntemperatur 70 °C), dabei ein- bis zweimal wenden. Während der letzten Minuten der Grillzeit das Fladenbrot über direkter Hitze rösten, dabei einmal wenden.

5. Die Würstchen warm servieren und dazu die eingelegten Zwiebeln, das Brot, den Senf und nach Belieben Zitronenspalten reichen.

FÜR 6 PERSONEN

WRAPS
MIT KORIANDER-PUTENWÜRSTEN UND TOMATILLO-SALSA

ZUBEREITUNGSZEIT: 30 Min.
GRILLZEIT: 8–10 Min.

Für die Würste

900 g Putenhackfleisch (vorzugsweise vom Schenkel), gut durchgekühlt
½ Bund Koriandergrün, die Blätter fein gehackt
4 EL fein gewürfelte Chipotle-Chilischoten in Adobo-Sauce (eingelegte TexMex-Chilischoten aus der Dose), mit Sauce
¾ TL getrockneter Oregano (vorzugsweise mexikanischer)
½ TL Knoblauchpulver
½ TL gemahlener Kreuzkümmel
½ TL gemahlene Koriandersamen
½ TL grobes Meersalz
½ TL frisch gemahlener schwarzer Pfeffer

Für die Salsa

250 g Tomatillos, die papierene Hülle entfernt, gut abgebraust, grob gewürfelt
½ Bund Koriandergrün, die Blätter abgezupft
4 EL grob gewürfelte weiße Zwiebeln, in einem feinen Sieb abgebraust, abgetropft
1 mittelgroße Jalapeño-Chilischote, grob gewürfelt
1 Knoblauchzehe, grob gehackt
1 TL frisch gepresster Limettensaft
½ TL grobes Meersalz

8 Weizentortillas (Ø 15 cm)
Olivenöl
100 g Cheddar, fein gerieben
100 g Cocktailtomaten, geviertelt
50 g Romana-Salatblätter, in Streifen geschnitten

1. Die Zutaten für die Würste gleichmäßig vermengen. Aus der Hackfleischmasse 16 zigarrenförmige, kompakte Würste formen mit einer Länge von etwa 7 cm. Die Würste bis zum Grillen kalt stellen.

2. Die Zutaten für die Salsa in der Küchenmaschine fein hacken. Die Salsa bis zum Servieren in den Kühlschrank stellen.

3. Den Grill für direkte und indirekte mittlere Hitze (175–230 °C) vorbereiten.

4. Die Tortillas aufeinandergestapelt in Alufolie einschlagen. Die Würste rundum mit Öl bepinseln und auf dem Rost über *direkter mittlerer Hitze* bei geschlossenem Deckel 8–10 Min. grillen, bis sie durchgegart sind (Kerntemperatur 75 °C), dabei einmal wenden. Gleichzeitig die Tortillas im Folienpäckchen über *indirekter mittlerer Hitze* erwärmen. Würste und Tortillas vom Grill nehmen, die Tortillas aus der Folie wickeln.

5. Auf die Tortillas jeweils 2 Würste geben und darauf Käse, Tomaten, Salat und Salsa anrichten. Sofort servieren.

FÜR 4 PERSONEN

LAMMFRIKADELLEN
MIT CHILISCHARFER SCHAFSKÄSESAUCE AUF PITA-BROTEN

ZUBEREITUNGSZEIT: 30 Min.
GRILLZEIT: 10–14 Min.

Für die Sauce

2 Jalapeño-Chilischoten
200 g griechischer Joghurt (10 % Fett)
120 g Schafskäse, zerbröckelt
2 EL Olivenöl
1 EL frisch gepresster Zitronensaft

Für die Frikadellen

900 g Lammhackfleisch
4 EL fein gehackte Minzeblätter
2 TL sehr fein gehackter Knoblauch
2 TL grobes Meersalz
1 TL gemahlene Koriandersamen
1 TL getrockneter Oregano
1 TL Paprikapulver
½ TL gemahlener Kreuzkümmel
½ TL frisch gemahlener schwarzer Pfeffer
¼ TL gemahlener Cayennepfeffer

6 Pita-Brote
2 mittelgroße Tomaten, entkernt, fein gewürfelt
1 Stück Salatgurke (etwa 150 g), entkernt,
   fein gewürfelt

1. Den Grill für direkte mittlere Hitze (175–230 °C) vorbereiten.

2. Für die Sauce die Chilischoten auf dem Rost über *direkter mittlerer Hitze* 6–8 Min. von allen Seiten grillen, dabei den Deckel möglichst oft geschlossen halten, bis die Haut der Schoten rundum angekohlt ist und Blasen wirft. Schoten vom Grill nehmen und abkühlen lassen, bis Sie die angekohlte Haut mit den Fingern abziehen können. Anschließend Stiele und Kerne entfernen und das Fruchtfleisch fein würfeln. Joghurt, Schafskäse, Öl und Zitronensaft in der Küchenmaschine glatt rühren. Die Mischung in eine kleine Schüssel geben und nach und nach die gewürfelten Chilis unterrühren, bis die Sauce die gewünschte Schärfe hat.

3. Die Zutaten für die Frikadellen gleichmäßig vermengen. Aus der Hackfleischmasse 24 gleich große Frikadellen formen, etwa 5 cm breit und 1 cm dick. Die Frikadellen über *direkter mittlerer Hitze* bei geschlossenem Deckel 4–6 Min. grillen, bis sie medium (halb durch) sind (Kerntemperatur 70 °C), dabei einmal wenden. Während der letzten Minuten der Grillzeit die Pita-Brote über direkter Hitze anrösten, dabei einmal wenden.

4. Die Pita-Brote in der Mitte durchschneiden und auf jede Hälfte 2 Frikadellen, Sauce, Tomaten- und Gurkenwürfel geben. Sofort servieren.

FÜR 6 PERSONEN

LAMM-CEVAPCICI
MIT GETROCKNETEN APRIKOSEN UND PISTAZIENPESTO

ZUBEREITUNGSZEIT: 35 Min.
KÜHLZEIT: 30 Min.
GRILLZEIT: 10–12 Min.

Für die Cevapcici

550 g Lammhackfleisch (vorzugsweise aus der Keule oder Schulter)
120 g Frühstücksspeck, fein gewürfelt
3 Frühlingszwiebeln, nur die weißen und hellgrünen Abschnitte fein gehackt
60 g getrocknete Aprikosen, fein gehackt
1 EL fein gehackte Oreganoblätter
4 Knoblauchzehen, sehr fein gehackt

grobes Meersalz
frisch gemahlener schwarzer Pfeffer

Für das Pesto

1 kleine Knoblauchzehe, geschält
120 g ungesalzene Pistazienkerne
½ Bund Basilikum, die Blätter abgezupft (etwa 15 g)
4 gehäufte EL glatte Petersilienblätter
2 EL frisch geriebener Parmesan
1 kleine Bio-Zitrone, Schale fein abgerieben, ½ TL Saft ausgepresst
6 EL Olivenöl

Olivenöl
heißer Reis als Beilage

1. Die Zutaten für die Cevapcici mit ¾ TL Salz und ½ TL Pfeffer vermengen. Aus der Hackfleischmasse acht ovale Frikadellen formen mit einer Länge von etwa 10 cm und einem Gewicht von jeweils 100–120 g. Die rohen Cevapcici 30 Min. in den Kühlschrank stellen.

2. Den Grill für direkte mittlere Hitze (175–230 °C) vorbereiten.

3. Für das Pesto den Knoblauch in der Küchenmaschine fein hacken. Knoblauchreste an der Schüsselwand mit einem Teigschaber nach unten schieben, dann Pistazien, Basilikum, Petersilie, Parmesan, ¼ TL Salz und ¼ TL Pfeffer dazugeben und alles zu einem stückigen Püree mixen. Reste an der Schüsselwand erneut nach unten schieben, Zitronenschale und -saft zufügen und bei laufendem Motor langsam das Öl einarbeiten. Das Pesto in eine Servierschüssel geben und bei Raumtemperatur beiseitestellen.

4. Die Cevapcici rundherum mit Öl bestreichen, leicht salzen und pfeffern und 5–10 Min. Raumtemperatur annehmen lassen. Anschließend über *direkter mittlerer Hitze* bei geschlossenem Deckel 10–12 Min. grillen, bis sie medium (halb durch) sind (Kerntemperatur 70 °C), dabei einmal wenden. Die gegrillten Cevapcici sofort mit heißem Reis und dem Pesto servieren.

FÜR 4 PERSONEN

48

LAMMBRATWÜRSTE
AN ZUCCHINI-GURKEN-SALAT MIT OLIVEN

ZUBEREITUNGSZEIT: 30 Min.
GRILLZEIT: 10–12 Min.
ZUBEHÖR: Gemüsehobel (Mandoline; nach Belieben)

2 TL fein abgeriebene Schale von 1 Bio-Zitrone
3 EL frisch gepresster Zitronensaft
frisch gemahlener schwarzer Pfeffer
6 EL Olivenöl
3 kleine Zucchini (insgesamt etwa 350 g),
   abgebraust und trockengetupft
3 kleine Land- oder Nostranogurken (insgesamt
   etwa 270 g), abgebraust und trockengetupft
120 g kleine entsteinte grüne Oliven
   (vorzugsweise französische Picholine),
   grob gehackt
80 g Pecorino romano (italienischer Hartkäse),
   fein gerieben
1 EL grob gehackte Majoranblätter
4 rohe Lammbratwürste (je 100–120 g)
½ Zitrone

1. Den Grill für direkte mittlere Hitze (175–230 °C) vorbereiten.

2. In einer großen Schüssel Zitronenschale und -saft mit ½ TL Pfeffer verrühren. Nach und nach das Öl mit einem Schneebesen unterrühren, bis eine glatte Vinaigrette entsteht. Beiseitestellen.

3. Zucchini und Gurken der Länge nach in hauchdünne Scheiben schneiden (das klappt am besten mit der Mandoline). Die Scheiben zur Vinaigrette in die Schüssel geben und vermengen. Oliven, Pecorino und Majoran untermischen.

4. Die Würste über *direkter mittlerer Hitze* bei geschlossenem Deckel 10–12 Min. grillen, bis sie gut gebräunt und durchgegart sind (Kerntemperatur 70 °C), dabei gelegentlich wenden.

5. Die Zucchini- und Gurkenscheiben mit einem Schaumlöffel aus der Schüssel heben, dabei überschüssige Flüssigkeit in die Schüssel abtropfen lassen, und in der Mitte einer flachen Servierschüssel aufhäufen. Die Zitronenhälfte darüber ausdrücken und den Salat mit etwas Pfeffer würzen. Die gegrillten Bratwürste schräg in 1 cm dicke Scheiben schneiden und rings um den Salat anrichten. Sofort servieren, während die Würste noch heiß sind.

FÜR 4 PERSONEN

LAMMBRATWÜRSTE
IN GETREIDE-KRÄUTER-RISOTTO

ZUBEREITUNGSZEIT: 20 Min.
GRILLZEIT: 12–15 Min.

250 g Perl-Emmer (Farro perlato)
6 rohe Lammbratwürste (je 100–120 g)
3 EL Olivenöl
2 mittelgroße Zwiebeln, fein gewürfelt
1 TL sehr fein gehackter Knoblauch
1 mittelgroße Möhre, fein gewürfelt
1 Stange Bleichsellerie, fein gewürfelt
1 EL Tomatenmark
150 ml salzarme Hühnerbrühe
2 TL Worcestersauce
1 ½ TL grobes Meersalz
¼ TL frisch gemahlener schwarzer Pfeffer
15 g glatte Petersilie, Blätter mitsamt den
    zarten Stielen grob gehackt
2 gehäufte EL Minzeblätter, grob gehackt
1 TL Rotweinessig

1. Einen mittelgroßen Topf mit Wasser füllen und das Wasser auf hoher Stufe zum Kochen bringen. Den Emmer einrühren und 10–15 Min. kochen lassen, bis er gar ist (das Getreide soll aber noch etwas Biss haben). Abgießen und beiseitestellen. (Sie können den Emmer auch 1 Tag im Voraus zubereiten. Dafür den gegarten Emmer abkühlen lassen und abgedeckt in den Kühlschrank stellen.)

2. Den Grill für direkte schwache Hitze (120–175 °C) vorbereiten.

3. Die Lammbratwürste über *direkter schwacher Hitze* bei geschlossenem Deckel 12–15 Min. grillen, bis sie durchgegart sind (Kerntemperatur 70 °C), dabei gelegentlich wenden. Vom Grill nehmen, etwas abkühlen lassen und in mundgerechte Stücke schneiden.

4. In einem großen Topf mit schwerem Boden das Öl auf mittlerer bis hoher Stufe erhitzen. Zwiebel und Knoblauch darin 4–5 Min. unter gelegentlichem Rühren dünsten, bis die Zwiebelwürfel ein wenig weicher sind. Möhre und Sellerie zufügen und 2 Min. unter Rühren mitdünsten. Das Tomatenmark 30 Sek. unterrühren, dann den gegarten Emmer, Brühe, Worcestersauce, Salz und Pfeffer zufügen und unter ständigem Rühren 5 Min. köcheln lassen, bis die Brühe vollständig aufgenommen ist. Die Bratwurststücke dazugeben und 1 bis 2 Min. im Risotto erwärmen. Den Topf vom Herd nehmen, Petersilie, Minze und Essig unterrühren. Das Risotto warm servieren.

FÜR 4–6 PERSONEN

CHILI
MIT LAMMWURSTBRÄT

ZUBEREITUNGSZEIT: 40 Min.
GRILLZEIT: 1 ¼–1 ½ Std.
ZUBEHÖR: gelochte Grillpfanne, Dutch Oven oder große gusseiserne Pfanne

- 2 Ancho-Chilischoten (getrocknete Poblanoschoten), Stiele und Kerne entfernt
- 1 kg mittelgroße Eiertomaten, Stielansatz entfernt
- 2 kleine weiße Zwiebeln, ungeschält, Wurzelfäden entfernt, durch den Wurzelansatz halbiert
- 2 mittelgroße Jalapeño-Chilischoten, Stiele entfernt
- 3 große Knoblauchzehen, ungeschält
- 2 EL Olivenöl
- 8 rohe Lammbratwürste (je 100–120 g), das Wurstbrät aus der Pelle gedrückt
- 2 EL Kreuzkümmelsamen, geröstet und fein zerstoßen
- 1 EL getrockneter Oregano, fein zerrieben
- 2 TL grobes Meersalz
- 3 EL frisch gepresster Limettensaft
- 100 g Schmand
- 1 Avocado, Fruchtfleisch in Stücke geschnitten

1. Den Grill für direkte und indirekte mittlere bis starke Hitze (200–230 °C) vorbereiten und die gelochte Grillpfanne über direkter Hitze vorheizen.

2. Die Ancho-Chilischoten auf dem Rost über *direkter mittlerer bis starker Hitze* bei geöffnetem Deckel 1–2 Min. grillen, bis die Haut Blasen wirft und die Schoten elastischer werden, dabei häufig wenden, damit sie nicht verbrennen. Vom Grill nehmen und 30 Min. in warmem Wasser einweichen. Das Wasser abgießen, von den weichen Chilis angekohlte oder harte Stellen entfernen. Die Chilis anschließend in Stücke zerteilen und beiseitestellen.

3. Während die Chils einweichen, Tomaten, Zwiebeln und 1 Jalapeño-Chilischote in der vorgeheizten Grillpfanne über *direkter mittlerer bis starker Hitze* bei geschlossenem Deckel 8–10 Min. grillen, dabei ein- bis zweimal wenden, bis Haut und Schalen rundherum leicht angekohlt sind. Während der letzten 5 Min. die Knoblauchzehen mitgrillen, bis deren Schale ebenfalls angekohlt ist. Die Grillpfanne mit dem Gemüse vom Grill nehmen.

4. Die Haut der Tomaten und Jalapeño-Schote abziehen, Kerne und Trennwände der Früchte entfernen. Von den Zwiebeln jeweils das Wurzelende abschneiden und die Schale entfernen. Die Knoblauchzehen ebenfalls abziehen. In der Küchenmaschine Ancho-Chilis mit Tomaten, Zwiebeln, gegrillter Jalapeño und Knoblauch in zwei Durchgängen pürieren. Das Püree in eine Schüssel geben.

5. Den Dutch Oven oder die Gusseisenpfanne über *direkter mittlerer bis starker Hitze* vorheizen. Das Öl darin erhitzen, bis es sich kräuselt. Das Wurstbrät hineingeben, dabei mit einem Holzlöffel größere Stücke zerteilen, und bei geschlossenem

TIPP!

Sie können für dieses Chili auch jede andere Art von roher Bratwurst verwenden. Lassen Sie den Schritt, die Chilis ein paar Minuten zu grillen, nicht aus, nur so entfalten die Schoten ihr volles Aroma und geben es später an das Chili ab.

Grilldeckel 6–8 Min. braun anbraten. Dann den Kreuzkümmel und Oregano unter gelegentlichem Rühren 1 Min. mitbraten, bis sie aromatisch duften. Pürierten Tomaten-Mix und Salz zufügen, 500 ml Wasser angießen und Topf oder Pfanne mit einem Deckel verschließen. Das Chili bei geschlossenem Grilldeckel zum Kochen bringen, anschließend Topf oder Pfanne in die indirekte Zone ziehen und das Chili offen, aber bei geschlossenem Grilldeckel über *indirekter mittlerer bis starker Hitze* 1–1 ¼ Std. gleichmäßig köcheln lassen, bis es dicklich eingekocht ist. In dieser Zeit etwa alle 15 Min. umrühren und prüfen, ob das Chili beständig köchelt, dafür gegebenenfalls den Topf oder die Pfanne umplatzieren.

6. Während das Chili köchelt, die übrige Jalapeñoschote quer in dünne Scheiben schneiden. Die Scheiben in einer kleinen Schüssel im Limettensaft marinieren lassen.

7. Vor dem Servieren gegebenenfalls das Fett an der Oberfläche des Chilis abschöpfen. Das Chili in einzelnen Suppenschalen anrichten, mit einem Klecks Schmand, Avocadostücken und marinierten Jalapeñoscheiben garnieren, nach Belieben mit etwas Limettensaft beträufeln und warm servieren.

FÜR 6 PERSONEN

MERGUEZ
MIT SCHWARZKOHL-KORINTHEN-SALAT

ZUBEREITUNGSZEIT: 20 Min.
GRILLZEIT: 8–10 Min.

2 mittelgroße rote Zwiebeln, in feine Ringe
geschnitten
3 EL Rotweinessig
1 TL grobes Meersalz
¼ TL frisch gemahlener schwarzer Pfeffer
2 EL griechischer Joghurt (10 % Fett)
1 EL fein gehackte Korianderblätter
1 TL Honig
½ TL gemahlene Koriandersamen
500 g junge Schwarzkohlblätter, geputzt,
ohne die Blattrippen in feine Streifen
geschnitten
2 EL Korinthen
2 EL Pinienkerne, geröstet
75 g Schafskäse, fein zerbröckelt
6 rohe Merguez-Bratwürste (je 100–120 g)

1. Die Zwiebeln in einer Schüssel mit Essig,
Salz und Pfeffer mischen und bei Raumtemperatur
10–20 Min. ziehen lassen.

2. Den Grill für direkte mittlere Hitze (175–230 °C)
vorbereiten.

3. In einer großen Schüssel den Joghurt mit
Korianderblättern, Honig und Koriandersamen
gründlich verrühren. Ein paar von den eingelegten
Zwiebelringen zum Garnieren beiseitestellen, die
restlichen Ringe mitsamt der gezogenen Flüssigkeit unter die Joghurtmischung rühren. Schwarz-
kohl, Korinthen und Pinienkerne zufügen. Alles
durchmischen, bis die Kohlstreifen mit dem
Joghurtdressing überzogen sind. Den Schafskäse
behutsam unterheben und den Salat bei Raumtemperatur durchziehen lassen, während Sie die
Würste grillen.

4. Die Würste über *direkter mittlerer Hitze* bei
geschlossenem Deckel 8–10 Min. grillen, bis sie
durchgegart sind (Kerntemperatur 70 °C), dabei
gelegentlich wenden. Den Kohlsalat auf einer
Servierplatte verteilen und die gegrillten Würste
darauf anrichten. Mit den beiseitegestellen Zwiebelringen garnieren und sofort servieren.

FÜR 4 PERSONEN

PIZZA
MIT MERGUEZ, MOZZARELLA, PAPRIKA UND SCHAFSKÄSE

ZUBEREITUNGSZEIT: 25 Min.
GRILLZEIT: 20–30 Min.

4 Frühlingszwiebeln, die dunkelgrünen Enden abgeschnitten
Olivenöl
1 mittelgroße rote Paprikaschote, in 4 gleich große flache Stücke geschnitten
2 rohe Merguez-Bratwürste (je 100–120 g)
500 g frischer Pizzateig (Kühlregal), raumtemperiert
350 g Mozzarella, zerzupft
150 g Schafskäse, fein zerbröckelt
3 EL fein gehackte Minzeblätter
3 EL in feine Streifen geschnittene Basilikumblätter

1. Den Grill für direkte mittlere Hitze (175–230 °C) vorbereiten.

2. Die Frühlingszwiebeln rundherum dünn mit Öl bestreichen. Die Paprikastücke auf dem Rost über *direkter mittlerer Hitze* bei geschlossenem Deckel 8–10 Min. grillen, bis sie weich sind, dabei ab und zu wenden. Gleichzeitig die Frühlingszwiebeln über *direkter mittlerer Hitze* 2–3 Min. grillen, bis sie ein wenig zusammengefallen sind, dabei einmal wenden. Paprikastücke in 1 cm breite Streifen schneiden, die Frühlingszwiebeln fein hacken.

3. Die Würste über *direkter mittlerer Hitze* bei geschlossenem Deckel 8–10 Min. grillen, bis sie durchgegart sind (Kerntemperatur 70 °C), dabei gelegentlich wenden. Vom Grill nehmen und in ½ cm dicke Scheiben schneiden.

4. Den Pizzateig in vier gleich große Stücke teilen. Aus Backpapier vier etwa 22 cm große Quadrate zuschneiden und die Oberseite jeweils dünn mit Öl bepinseln. Jedes Teigstück auf einem eingeölten Stück Backpapier zu einem 20 cm großen, etwa 1 cm dicken Kreis ausrollen oder ausziehen und die Teigoberseite dünn mit Öl bestreichen. Bei Raumtemperatur 10 Min. ruhen lassen.

5. Die Teigkreise mit dem Backpapier nach oben auf den Rost legen und über *direkter mittlerer Hitze* bei geschlossenem Deckel 2–5 Min. grillen, bis die Unterseite jeweils ein deutliches Grillmuster angenommen hat und fest ist, dabei die Teigkreise für ein gleichmäßiges Backen nach Bedarf auf dem Rost drehen. Das Backpapier abziehen und die Pizzen mit der gegrillten Seite nach oben auf eine Arbeitsfläche legen.

6. Jede Pizza gleichmäßig mit Käse, Wurstscheiben, Paprikastreifen und Frühlingszwiebeln belegen, dabei einen etwa ½ cm breiten äußeren Rand aussparen. Die belegten Pizzen über *direkter mittlerer Hitze* bei geschlossenem Deckel weitere 2–5 Min. grillen, bis der Käse geschmolzen und die Unterseite knusprig ist, dabei die Pizzen auf dem Rost Stück für Stück drehen. Fertige Pizzen vom Grill nehmen, auf einem Schneidbrett mit den Kräutern bestreuen, in Stücke schneiden und warm servieren.

FÜR 4 PERSONEN

QUESADILLAS
MIT CHORIZO UND MANGO-SALSA

ZUBEREITUNGSZEIT: 20 Min.
GRILLZEIT: 30–39 Min.

Für die Salsa
1 große Mango, das Fruchtfleisch
   klein gewürfelt
1 kleine rote Paprikaschote, fein gewürfelt
4 EL feingewürfelte rote Zwiebeln
2 EL fein gehackte Korianderblätter
1 EL frisch gepresster Limettensaft
¼ TL grobes Meersalz

2 Jalapeño-Chilischoten
4 rohe Chorizo-Bratwürste (je 100–120 g)
2 Avocados, das Fruchtfleisch gewürfelt
2 TL frisch gepresster Limettensaft
8 Weizentortillas (Ø 20 cm)
400 g geriebener Monterey Jack (ersatzweise
   milder Cheddar oder italienischer Galbanino)
Schmand

1. Den Grill für direkte und indirekte mittlere Hitze (175–230 °C) vorbereiten.

2. Die Zutaten für die Salsa in einer kleinen Servierschüssel mischen und beiseitestellen.

3. Die ganzen Chilischoten über *direkter mittlerer Hitze* bei geschlossenem Deckel 6–8 Min. grillen, dabei gelegentlich wenden, bis die Haut der Schoten rundherum Blasen wirft. Vom Grill nehmen, etwas abkühlen lassen, anschließend die Haut abziehen, Stielansatz und Kerne der Schoten entfernen und das Fruchtfleisch fein würfeln. In eine mittelgroße Schüssel geben. Anschließend die Würste über *indirekter mittlerer Hitze* bei geschlossenem Deckel 20–25 Min. grillen, bis sie durchgegart sind (Kerntemperatur 70 °C), dabei gelegentlich wenden. Würste vom Grill nehmen und schräg in 1 cm dicke Scheiben schneiden.

4. Die Grilltemperatur auf schwache Hitze (120–175 °C) reduzieren.

5. Avocados mit dem Limettensaft zu den Chilischoten in die Schüssel geben und mit einer Gabel zerdrücken, bis die Mischung fast glatt ist. Die Tortillas jeweils auf einer Hälfte gleichmäßig mit der Avocadomischung bestreichen, dann mit je 4 EL Käse bestreuen, mit Wurstscheiben belegen und darauf nochmals 4 EL Käse streuen. Die unbelegte Tortillahälfte darüberklappen.

6. Die Quesadillas über *direkter schwacher Hitze* bei geschlossenem Deckel 4–6 Min. grillen, dabei einmal wenden, bis sie auf beiden Seiten goldbraun sind. In Stücke schneiden und warm mit Mango-Salsa und Schmand servieren.

FÜR 4 PERSONEN,
FÜR 8–10 PERSONEN ALS VORSPEISE

TEXMEX-KARTOFFELSALAT
MIT CHORIZO

ZUBEREITUNGSZEIT: 15 Min.
GRILLZEIT: 20–25 Min.
ZUBEHÖR: gelochte Grillpfanne

4 EL fein gehackte Korianderblätter
2 EL frisch gepresster Limettensaft
1 TL Dijon-Senf
½ TL gemahlener Kreuzkümmel
grobes Meersalz
frisch gemahlener schwarzer Pfeffer
Olivenöl
½ TL Knoblauchgranulat
1 kg kleine rote und braune festkochende
Kartoffeln (Ø 4–5 cm), halbiert
3 rohe Chorizo-Bratwürste (je 100–120 g)
1 mittelgroße rote Paprikaschote,
   in feine Streifen geschnitten
1 mittelgroße rote Zwiebel, in feine Ringe
   geschnitten

1. Den Grill für direkte und indirekte mittlere Hitze (175–230 °C) vorbereiten und die gelochte Grillpfanne über direkter Hitze vorheizen.

2. Korianderblätter mit Limettensaft, Senf, Kreuzkümmel, ½ TL Salz und ¼ TL Pfeffer verrühren. Langsam 4 EL Öl mit einem Schneebesen unterrühren, bis sich eine Emulsion gebildet hat.

3. In einer großen Schüssel 2 EL Öl mit ¼ TL Salz, ¼ TL Pfeffer und dem Knoblauchgranulat verrühren. Die Kartoffeln dazugeben und gründlich in dem Würzöl wenden. Die Kartoffeln in einer Lage in der vorgeheizten Grillpfanne verteilen und über *direkter mittlerer Hitze* bei geschlossenem Deckel 15–20 Min. grillen, bis sie weich und goldbraun sind, dabei gelegentlich wenden. Gleichzeitig die Würste auf dem Grillrost über *indirekter mittlerer Hitze* 20–25 Min. grillen, bis sie durchgegart sind (Kerntemperatur 70 °C), dabei ab und zu wenden. Fertige Kartoffeln und Würste vom Grill nehmen. Kartoffelhälften nochmals halbieren, Würste in ½ cm dicke Scheiben schneiden.

4. In einer großen Servierschüssel Kartoffeln, Würste, Paprikastreifen und Zwiebelringe mischen, den Salat mit der Vinaigrette anmachen und mit Salz und Pfeffer abschmecken. Warm oder raumtemperiert servieren.

FÜR 4–6 PERSONEN

Kartoffeln und Würste können gleichzeitig gegrillt werden, wenn der Grill für direkte und indirekte Hitze vorbereitet wird.

PORTUGIESISCHER FISCHTOPF
MIT CHORIZO, HEILBUTT UND KARTOFFELN

ZUBEREITUNGSZEIT: 30 Min.
GRILLZEIT: 31–37 Min.
ZUBEHÖR: grillfester Topf oder Dutch Oven

1 EL Olivenöl
350 g luftgetrocknete Chorizo, Wursthaut
    entfernt, in dünne Scheiben geschnitten,
    diese nochmals halbiert
1 mittelgroße Zwiebel, fein gewürfelt
1 große rote Paprikaschote, in 1 cm breite Stücke
    geschnitten
2 Knoblauchzehen, zerdrückt oder durchgepresst
½ TL rote Chiliflocken
350 g festkochende Kartoffeln, geschält,
    in gut 1 cm große Würfel geschnitten
1 Dose grob passierte Tomaten (800 g; Passata
    rustica)
500 ml Fischfond
250 ml trockener Weißwein
2 Lorbeerblätter
1 TL getrockneter Thymian
1 TL Paprikapulver
1 TL geräuchertes Paprikapulver
1 TL Zucker
grobes Meersalz
½ TL frisch gemahlener schwarzer Pfeffer
500 g Heilbuttfilets ohne Haut oder andere
    festfleischige weiße Fischfilets, in 2½ cm
    große Stücke geschnitten
2 EL grob gehackte glatte Petersilienblätter
    (nach Belieben)

1. Den Grill für direkte und indirekte mittlere Hitze (175–230 °C) vorbereiten.

2. Das Öl in dem grillfesten Topf oder Dutch Oven über direkter mittlerer Hitze heiß werden lassen. Die Chorizoscheiben im heißen Öl bei geschlossenem Grilldeckel etwa 4 Min. braten, bis sie leicht gebräunt sind und das Fett ausgebraten ist, dabei ab und zu wenden. Mit einem Schaumlöffel herausheben und auf einem Teller beiseitestellen.

3. Zwiebel, Paprikaschote, Knoblauch und Chiliflocken in den Topf geben und über *direkter mittlerer Hitze* bei geschlossenem Grilldeckel 5–6 Min. unter häufigem Rühren dünsten, bis das Gemüse etwas weicher und leicht gebräunt ist.

4. Gebratene Chorizoscheiben zurück in den Topf geben, Kartoffeln, passierte Tomaten, Fischfond, Wein, Lorbeerblätter, Thymian, beide Paprikapulver, Zucker und je ½ TL Salz und Pfeffer hinzufügen und über *direkter mittlerer Hitze* zum Köcheln bringen. Anschließend den Topf in die indirekte Zone ziehen und die Kartoffeln über *indirekter mittlerer Hitze* im offenen Topf, aber bei geschlossenem Grilldeckel 20–25 Min. unter gelegentlichem Rühren köcheln lassen, bis sie gar, aber nicht zu weich sind. Mit Salz abschmecken.

5. Die Fischstücke in den Topf geben, behutsam in die Flüssigkeit drücken und bei geschlossenem Grilldeckel 2–3 Min. gar ziehen lassen, dabei ab und zu umrühren. Den Eintopf in tiefe Teller oder Suppenschalen schöpfen, nach Belieben mit Petersilie bestreuen und sofort servieren.

FÜR **4** PERSONEN

IN WEISSWEIN GEDÄMPFTE VENUSMUSCHELN
MIT CHORIZO

ZUBEREITUNGSZEIT: 15 Min.
GRILLZEIT: etwa 30 Min.
ZUBEHÖR: Dutch Oven oder große gusseiserne Pfanne

3 luftgetrocknete Chorizos (je 100–120 g)
1 Baguette (etwa 40 cm lang), in 32 Scheiben
  geschnitten
Olivenöl
3 EL Butter
1 mittelgroße Zwiebel, fein gewürfelt
6 Knoblauchzehen, in feine Scheiben geschnitten
1 EL fein gehackte Oreganoblätter
2 TL fein gehackte Thymianblätter
250 ml trockener Weißwein
36 Venusmuscheln, unter fließendem kaltem
  Wasser gründlich abgebürstet (danach
  offene Muscheln aussortieren und wegwerfen)
1 große Knoblauchzehe, halbiert

1. Den Grill für direkte mittlere Hitze (175–230 °C) vorbereiten.

2. Die Würste über *direkter mittlerer Hitze* bei geschlossenem Deckel 8 Min. grillen, bis sie gebräunt sind, dabei gelegentlich wenden. Die Würste jeweils längs halbieren, dann quer in 1 cm dicke Scheiben schneiden.

3. Die Baguettescheiben auf beiden Seiten dünn mit Öl bepinseln.

4. Den Dutch Oven oder die Gusseisenpfanne über *direkter mittlerer Hitze* 10 Min. vorheizen. 2 EL Öl und die Butter darin erhitzen. Wenn die Butter geschmolzen ist und aufschäumt, die Zwiebelwürfel mit Knoblauchscheiben und Kräutern unter gelegentlichem Rühren 5 Min. im heißen Fett andünsten, bis sie etwas weicher sind. Den Wein angießen und zum Kochen bringen, den Grilldeckel schließen und alles 2 Min. köcheln lassen.

5. Muscheln und Wurstscheiben in den Weinsud geben, einen Deckel auflegen und die Muscheln über *direkter mittlerer Hitze* bei geschlossenem Grilldeckel 10 Min. dämpfen. Anschließend prüfen, ob die Muscheln sich geöffnet haben, andernfalls im verschlossenen Topf 3–5 Min. weiterdämpfen. Den Dutch Oven oder die Pfanne mit Grillhandschuhen vorsichtig vom Grill nehmen. Ungeöffnete Muscheln aussortieren und wegwerfen.

6. Die Baguettescheiben über *direkter mittlerer Hitze* bei geöffnetem Deckel von beiden Seiten etwa 1 Min. anrösten. Die heißen Brotscheiben auf der Oberseite mit den Schnittflächen der Knoblauchhälften einreiben.

7. Muscheln, Wurstscheiben und Weinsud gleichmäßig in tiefe Teller oder Suppenschalen verteilen und mit den Knoblauchbroten zum Dippen heiß servieren.

FÜR 4 PERSONEN

TOMATEN-KICHERERBSEN-RAGOUT
MIT CHORIZO

ZUBEREITUNGSZEIT: **10 Min.**
GRILLZEIT: **16–20 Min.**
ZUBEHÖR: **gusseiserne Pfanne (Ø 24–30 cm)**

2 EL Olivenöl
500 g Dattel- oder Cocktailtomaten
1 Dose Kichererbsen (400 g), abgebraust,
    abgetropft
125 ml salzarme Hühner- oder Gemüsebrühe
2 Knoblauchzehen, fein gehackt
1 TL edelsüßes Paprikapulver
1 TL gemahlener Kreuzkümmel
1 TL grobes Meersalz
½ TL frisch gemahlener schwarzer Pfeffer
¼ TL rote Chiliflocken (oder nach Geschmack)
500 g luftgetrocknete Chorizos,
    schräg in gut 1 cm dicke Scheiben geschnitten

1. Den Grill für direkte und indirekte mittlere Hitze (175–230 °C) vorbereiten und die Gusseisenpfanne über direkter Hitze vorheizen.

2. Öl und Tomaten in die Pfanne geben und über *direkter mittlerer Hitze* bei geschlossenem Grilldeckel 8–10 Min. dünsten, bis die Tomaten aufplatzen und Saft ziehen, dabei gelegentlich umrühren. Kichererbsen, Brühe, Knoblauch, Paprikapulver, Kreuzkümmel, Salz, Pfeffer und die Chiliflocken dazugeben, die Pfanne in die indirekte Zone ziehen und das Ragout in der offenen Pfanne, aber bei geschlossenem Grilldeckel über *indirekter mittlerer Hitze* 8–10 Min. köcheln lassen, bis die Tomaten vollständig aufgeplatzt sind und die Schmorflüssigkeit leicht reduziert, aber noch nicht sämig ist, dabei häufig umrühren.

3. Während das Ragout köchelt, die Wurstscheiben auf dem Rost über *direkter mittlerer Hitze* 3–4 Min. grillen, dabei einmal wenden, bis sie auf beiden Seiten schön gebräunt sind. Zum Ragout in die Pfanne geben und durchrühren. Warm servieren.

FÜR 4 PERSONEN

TIPP!
Schmeckt gut auf gegartem Couscous oder mit knusprigem Brot zum Dippen.

BLUMENKOHLSALAT
MIT POLNISCHEN UND MINZE-GREMOLATA

ZUBEREITUNGSZEIT: 25 Min.
GRILLZEIT: etwa 15 Min.
ZUBEHÖR: gelochte Grillpfanne

Für die Gremolata

½ Bund glatte Petersilie, die Blätter grob gehackt
½ Bund Minze, die Blätter grob gehackt
fein abgeriebene Schale von 2 Bio-Zitronen
2 TL fein gehackter Knoblauch

75 g Sultaninen
3 EL Sherryessig
4 EL Olivenöl
2 TL Dijon-Senf
½ TL grobes Meersalz
¼ TL frisch gemahlener schwarzer Pfeffer
1 kleiner Kopf Blumenkohl (etwa 500 g),
   in 4–5 cm große Röschen zerteilt
350–450 g Krakauer

1. In einer kleinen Schüssel die Zutaten für die Gremolata vermengen. Beiseitestellen.

2. Den Grill für direkte schwache bis mittlere Hitze (150–175 ºC) vorbereiten und die Grillpfanne vorheizen.

3. In einem kleinen Topf die Sultaninen mit 1 EL Essig und 2 EL Wasser mischen und auf mittlerer Stufe 3–4 Min. unter gelegentlichem Rühren köcheln lassen, bis sie schön prall sind und die Flüssigkeit verkocht ist. Beiseitestellen.

4. In einer großen Schüssel die übrigen 2 EL Essig mit Öl, Senf, Salz und Pfeffer verrühren. Die Blumenkohlröschen in die Schüssel geben und gleichmäßig mit dem Dressing vermischen. Die Röschen in einer Lage in der Grillpfanne verteilen und über *direkter schwacher bis mittlerer Hitze* bei geschlossenem Deckel etwa 15 Min. grillen, bis sie weich und stellenweise goldbraun sind, dabei ab und zu wenden. Während der letzten 10 Min. der Grillzeit die Wurst auf dem Rost über *direkter schwacher bis mittlerer Hitze* grillen, bis sie schön gebräunt und durcherhitzt ist, dabei ab und zu wenden.

5. Die gegrillten Blumenkohlröschen zurück in die große Schüssel mit dem verbliebenen Dressing geben. Die Wurst quer in gut 1 cm dicke Scheiben schneiden und ebenfalls in die Schüssel geben. Gremolata und Sultaninen zufügen und die Zutaten gut durchmischen. Den Salat warm oder raumtemperiert servieren.

FÜR 4–6 PERSONEN

GARNELEN UND POLNISCHE
IN TOMATENSAUCE AUF WEISSER POLENTA

**ZUBEREITUNGSZEIT: 40 Min., plus etwa
25 Min. für die Sauce**
MARINIERZEIT: 30 Min.
GRILLZEIT: 8–10 Min.

24 große Garnelen (Größe 21/30), geschält,
  Darm und Schwanzsegment entfernt
2 Knoblauchzehen, zerdrückt oder
  durchgepresst
Olivenöl

Für die Sauce
1 mittelgroße Zwiebel, halbiert und in feine
  Scheiben geschnitten
4 Knoblauchzehen, zerdrückt oder
  durchgepresst
1 TL getrocknetes Basilikum
¼ TL rote Chiliflocken
1 kg Datteltomaten
1 EL Aceto balsamico
1 TL Honig
½ TL grobes Meersalz
¼ TL frisch gemahlener schwarzer Pfeffer

350–450 g Krakauer

Für die Polenta
850 ml Vollmilch
3 EL Butter
¾ TL grobes Meersalz
150 g feiner weißer Maisgrieß (Polenta bianca)
180 g weißer Cheddar, gerieben

1. Die Garnelen mit dem Knoblauch und 1 EL Öl
vermischen und abgedeckt 30 Min. im Kühlschrank
marinieren. Inzwischen die Sauce zubereiten.

2. In einer großen Pfanne 3 EL Öl auf mittlerer bis
hoher Stufe erhitzen. Darin die Zwiebel mit Knoblauch, Basilikum und Chiliflocken 2–3 Min. unter
gelegentlichem Rühren andünsten, bis sie etwas
weicher ist. Tomaten dazugeben und unter häufigem Rühren 18–20 Min. garen, bis sie aufgeplatzt
und sehr weich sind. Essig und Honig unterrühren
und 1 Min. mitgaren. Vom Herd nehmen, salzen
und pfeffern. Die Sauce warm halten.

3. Den Grill für direkte mittlere bis starke Hitze
(200–260 °C) vorbereiten.

4. Die Wurst quer in vier Stücke schneiden und auf
dem Rost über *direkter mittlerer bis starker Hitze*
bei geschlossenem Deckel 8–10 Min. grillen, bis
die Wurststücke schön gebräunt und durcherhitzt
sind, dabei gelegentlich wenden. Während der letzten 2–4 Min. die Garnelen über *direkter mittlerer
bis starker Hitze* mitgrillen, bis sie sich fest anfüh-
len und im Kern nicht mehr glasig sind, dabei einmal wenden. Alles vom Grill nehmen. Die Würste
schräg in 1 cm dicke Scheiben schneiden. Die Zutaten mit Alufolie abgedeckt warm halten.

5. Für die Polenta in einen hohen Topf Milch, Butter und Salz geben und auf mittlerer bis hoher Stufe
bis zum Siedepunkt erhitzen. Den Maisgrieß unter
ständigem Rühren langsam und gleichmäßig einrieseln lassen, die Hitze auf mittlere Stufe reduzieren und den Grieß etwa 10 Min. (siehe Packungsanweisung) unter häufigem Rühren garen, bis ein
dicklicher, weicher Brei entsteht. Dann den Käse
so lange unterrühren, bis er geschmolzen ist.

6. Die Polenta in tiefen Tellern anrichten, darauf
Tomatensauce, Wurstscheiben und Garnelen geben und warm servieren.

FÜR 6 PERSONEN

WURSTSANDWICH
MIT KREOLISCHEM SENF

ZUBEREITUNGSZEIT: 15 Min.
GRILLZEIT: 8–10 Min.

Für den Krautsalat

5 EL Mayonnaise
2 EL Apfelessig
½ kleiner Kopf Weißkohl, gehobelt (etwa 300 g)
1 mittelgroße Zwiebel, in feine Ringe
   geschnitten
10 Dillgurken in Scheiben (Dänischer
   Gurkensalat aus dem Glas), abgetropft,
   fein gehackt

350–450 g Krakauer
4 Baguettebrötchen, aufgeschnitten
4 EL kreolischer Senf (siehe Tipp)
4 EL Mayonnaise
24 eingelegte Jalapeño-Ringe (Glas), abgetropft

1. Den Grill für direkte mittlere Hitze (175–230 °C) vorbereiten.

2. Für den Krautsalat in einer Schüssel Mayonnaise und Essig verrühren, dann die restlichen Salatzutaten damit vermengen.

3. Die Wurst quer in vier Stücke schneiden, dann die Stücke längs halbieren. Über *direkter mittlerer Hitze* bei geschlossenem Deckel 8–10 Min. grillen, bis die Würste schön gebräunt und durcherhitzt sind, dabei einmal wenden.

4. Die Unterseite der Brötchen jeweils mit 1 EL Senf bestreichen, die Oberseite mit je 1 EL Mayonnaise. Zwischen den Brötchenhälften Würste, Krautsalat und Chiliringe anrichten und die Sandwiche sofort servieren.

FÜR 4 PERSONEN

TIPP!

Sollten Sie den sehr scharfen kreolischen Senf nicht auftreiben können, nehmen Sie körnigen Dijon-Senf und würzen Sie ihn mit ein wenig scharfer Chilisauce.

KÄSE-ROGGENBROT
MIT POLNISCHER, EINGELEGTEN ZWIEBELN UND PEPERONI

ZUBEREITUNGSZEIT: 15 Min.
MARINIERZEIT: mind. 2 Std.
GRILLZEIT: 10–12 Min.

250 ml Rotweinessig
3 EL Zucker
1 TL grobes Meersalz
⅛ TL gemahlene Chipotle-Chilischoten
150 g rote Zwiebeln, in feine Ringe geschnitten
2 EL weiche Butter
8 Scheiben Roggenbrot
350–450 g Krakauer
4 Scheiben scharfer Cheddar (je etwa 25 g)
Senf
6–8 eingelegte milde Peperoni (Glas),
  quer halbiert

1. In einem Topf den Essig mit Zucker, Salz und Chili mischen und auf mittlerer bis hoher Stufe aufkochen. Die Zwiebelringe einlegen und 1 Min. kochen lassen. Den Topf vom Herd nehmen und die Zwiebeln mind. 2 Std. bei Raumtemperatur marinieren. Zwiebeln vor dem Servieren abgießen und abtropfen lassen.

2. Den Grill für direkte mittlere Hitze (175–230 ºC) vorbereiten.

3. Die Brotscheiben auf der Oberseite mit Butter bestreichen. Die Wurst quer in vier Stücke schneiden, die Stücke anschließend längs halbieren. Über *direkter mittlerer Hitze* bei geschlossenem Deckel 8–10 Min. grillen, bis die Würste schön gebräunt und durcherhitzt sind, dabei einmal wenden.

4. Die Brote zunächst mit der gebutterten Seite nach oben über *direkter mittlerer Hitze* 30–60 Sek. rösten, die Scheiben wenden, 4 Brote mit jeweils 1 Scheibe Käse belegen und die Brote 30–60 Sek. weiterrösten. Vom Grill nehmen.

5. Die Brotscheiben ohne Käse auf der Oberseite mit etwas Senf bestreichen, mit je 2 Würsten, eingelegten Zwiebeln und Peperoni belegen und darauf eine Käse-Brotscheibe (Käseseite nach unten) legen. Warm servieren.

FÜR 4 PERSONEN

WURST- UND GEMÜSESPIESSE
MIT KNOBLAUCHBROT

ZUBEREITUNGSZEIT: 20 Min.
GRILLZEIT: 8–10 Min.
ZUBEHÖR: 8 Metall- oder Holzspieße

4 TL frisch gepresster Zitronensaft
1 EL fein gewürfelte Schalotte
1 TL Dijon-Senf
grobes Meersalz
frisch gemahlener schwarzer Pfeffer
Olivenöl
2 große rote Paprikaschoten, geputzt
2 mittelgroße Zwiebeln, geschält
350–450 g Krakauer
4 Scheiben rustikales Weißbrot (je 1 cm dick)
1 Knoblauchzehe, geschält, halbiert
150 g zarte Rucolablätter

1. Holzspieße mind. 30 Min. wässern.

2. Den Grill für direkte mittlere Hitze (175–230 °C) vorbereiten.

3. Den Zitronensaft mit Schalottenwürfeln, Senf, ½ TL Salz und ¼ TL Pfeffer verrühren. Nach und nach 5 EL Öl unterschlagen, bis die Vinaigrette eine Emulsion bildet.

4. Jede Paprikaschote in acht 2½ cm große, quadratische Stücke schneiden. Die Zwiebeln vierteln und jedes Viertel in zwei Zwiebelschichten zerteilen (die kleinen inneren Schichten anderweitig verwenden). Die Wurst quer in 16 gleich große Stücke schneiden. Auf vier Spieße abwechselnd je 4 Paprikastücke und 4 Zwiebelschichten stecken. Wurststücke auf die anderen vier Spieße stecken. Wurst- und Gemüsespieße rundherum mit insgesamt 3 EL Vinaigrette bestreichen, die Brotscheiben auf beiden Seiten dünn mit Öl bepinseln.

5. Die Spieße über *direkter mittlerer Hitze* bei geschlossenem Deckel 8–10 Min. grillen, bis Gemüse und Würste kräftig gebräunt und die Würste durcherhitzt sind, dabei die Spieße gelegentlich wenden. Während der letzten Minute der Grillzeit die Brotscheiben über direkter Hitze von beiden Seiten anrösten. Alle Zutaten vom Grill nehmen. Die Brote auf der Oberseite mit den Schnittflächen der Knoblauchhälften einreiben und auf einzelnen Tellern anrichten.

6. Den Rucola in einer Schüssel mit der übrigen Vinaigrette anmachen, gleichmäßig auf den Broten verteilen, darauf je 1 Gemüse- und Wurstspieß geben und sofort servieren.

FÜR 4 PERSONEN

70

POLNISCHE
MIT PFANNENGERÖSTETEN KICHERERBSEN UND
KATALANISCHER ROMESCO-SAUCE

ZUBEREITUNGSZEIT: 25 Min.
KÜHLZEIT: mind. 1 Std.
GRILLZEIT: 15 Min.
ZUBEHÖR: große gusseiserne Pfanne

Für die Sauce

2 Scheiben rustikales Weißbrot (60 g),
   Rinde entfernt, klein zerpflückt
3 EL Rotweinessig
2 kleine Knoblauchzehen, geschält
30 g Mandelstifte, geröstet, abgekühlt
4 EL stückige Tomaten (Dose)
50 g eingelegte geröstete rote Paprikaschoten
   (Glas), abgetropft
1 ½ TL geräuchertes Paprikapulver
½ TL grobes Meersalz
¼ TL rote Chiliflocken
100 ml Olivenöl

30 g getrocknete Tomaten, in feine Streifen
   geschnitten
60 ml Olivenöl
2 große Knoblauchzehen, fein gehackt
2 Dosen Kichererbsen (je 400 g), abgebraust,
   abgetropft
30 g grob gehackte glatte Petersilienblätter
   (von etwa ½ Bund)
¾ TL grobes Meersalz
½ TL frisch gemahlener schwarzer Pfeffer
8 Krakauer (je 100–120 g)
6 mittelgroße Frühlingszwiebeln, nur die
   weißen und hellgrünen Abschnitte in feine
   Scheiben geschnitten
1 EL frisch gepresster Zitronensaft

1. Für die Sauce in einer kleinen Schüssel das Brot etwa 10 Min. im Essig einweichen; ab und zu umrühren. Inzwischen den Knoblauch bei laufendem Motor in die Küchenmaschine geben und fein hacken. Knoblauchreste an der Schüsselwand nach unten schieben. Die Mandelstifte zufügen und grob hacken. Eingeweichtes Brot, Tomaten, geröstete Paprika, Paprikapulver, Salz und Chiliflocken dazugeben und mixen, bis die Mischung glatt ist. Erneut Reste an der Schüsselwand nach unten schieben. Den Motor wieder laufen lassen und das Öl zunächst tropfenweise, dann in einem dünnen, gleichmäßigen Strahl einarbeiten. Die Sauce in eine Schüssel geben und abgedeckt mind. 1 Std. im Kühlschrank durchziehen lassen. Vor dem Servieren Raumtemperatur annehmen lassen.

2. Den Grill für direkte und indirekte mittlere Hitze (175–230 ºC) vorbereiten und die Gusseisenpfanne über direkter Hitze vorheizen.

3. Die getrockneten Tomatenstreifen in einer zweiten kleinen Schüssel mit kochendem Wasser übergießen und etwa 10 Min. im heißen Wasser einweichen. Abgießen und abtropfen lassen. Beiseitestellen.

4. Die Gusseisenpfanne über *indirekte mittlere Hitze* stellen und das Öl darin heiß werden lassen. Den Knoblauch unter ständigem Rühren 1 Min. darin anschwitzen (er darf nicht bräunen), dann die Kichererbsen mit der Hälfte der Petersilie, Salz und Pfeffer dazugeben und über *indirekter mittlerer Hitze* bei geschlossenem Grilldeckel etwa 5 Min. braten, bis sie schön heiß sind, dabei gelegentlich umrühren. Gleichzeitig die Würste auf dem Rost über *direkter mittlerer Hitze* 8–10 Min. grillen, bis sie schön gebräunt und durcherhitzt sind, dabei ab und zu wenden.

5. Die Kichererbsen in eine mittelgroße Schüssel geben und mit den eingeweichten Tomaten, der restlichen Petersilie, Frühlingszwiebeln und Zitronensaft gründlich vermengen. Kichererbsen und Würste auf einzelnen Tellern anrichten und warm mit einem Löffel Romesco-Sauce servieren.

FÜR 4 PERSONEN

TIPP!

Mit diesem Rezept bereiten Sie mehr Romesco-Sauce zu, als Sie für dieses Gericht brauchen. Die übrige Sauce können Sie jedoch sehr gut als pikanten Brotaufstrich oder Dip zu rohem Gemüse verwenden. Die geröstete Paprika aus dem Glas lässt sich durch eine gegrillte, anschließend enthäutete und entkernte kleine rote Paprikaschote ersetzen.

PIZZA PEPERONI
MIT TRAUBEN, PECORINO UND BASILIKUM

ZUBEREITUNGSZEIT: 20 Min.
GRILLZEIT: 8–10 Min. je Pizza
ZUBEHÖR: Pizzastein (Ø mind. 35 cm), Pizzaheber (nach Belieben)

2 x 500 g frischer Pizzateig (Kühlregal)
150 g kernlose rote Trauben, halbiert
2 TL Olivenöl
Mehl
170 g Basilikumpesto (Glas)
350 g geriebener Mozzarella
6 EL frisch geriebener Pecorino romano
   (italienischer Hartkäse)
100 g scharfe italienische Salami in dünnen
   Scheiben
24 Basilikumblätter, in feine Streifen geschnitten

1. Die beiden Pizzateige etwa 1 Std. vor der Zubereitung Raumtemperatur annehmen lassen, dann lassen sie sich leichter verarbeiten.

2. Den Grill für direkte mittlere bis starke Hitze (230–260 °C) vorbereiten und den Pizzastein mind. 15 Min. nach Herstelleranweisung vorheizen.

3. In einer kleinen Schüssel die Trauben mit dem Olivenöl mischen.

4. Auf einer leicht bemehlten Arbeitsfläche die beiden Pizzateige nacheinander jeweils zu einem ½ cm dicken Kreis von etwa 30 cm Durchmesser ausrollen (sollte sich der Teig dabei zusammenziehen, vor der Weiterverarbeitung 5 Min. zugedeckt mit einem Küchentuch ruhen lassen).

5. Den Pizzaheber (oder ein randloses Backblech) leicht bemehlen und einen der Teigkreise vorsichtig darauflegen. Den Teig mit der Hälfte des Pestos bestreichen, dann mit der Hälfte der Trauben, des Mozzarellas, Pecorinos sowie der Salami belegen.

6. Den belegten Teigkreis vom Pizzaheber auf den vorgeheizten Pizzastein gleiten lassen und über *direkter mittlerer bis starker Hitze* bei geschlossenem Deckel 8–12 Min. backen, bis die Pizza goldbraun und der Käse geschmolzen ist. Mit dem Pizzaheber oder einem breiten Grillwender die Pizza vom Stein heben, mit der Hälfte des Basilikums bestreuen und einige Minuten ruhen lassen. In Stücke schneiden und warm servieren.

7. Den zweiten Teigkreis genauso belegen und auf dem Grill backen.

FÜR 6–8 PERSONEN

NÜRNBERGER ROSTBRATWÜRSTE

MIT GREYERZER UND KARAMELLISIERTEN ZWIEBELN

**ZUBEREITUNGSZEIT: 15 Min., plus etwa
35 Min. für die Zwiebeln**
GRILLZEIT: 5–7 Min.

1 EL Öl
2 große Zwiebeln (je etwa 500 g), halbiert,
   in feine Scheiben geschnitten
grobes Meersalz
frisch gemahlener schwarzer Pfeffer
60 ml trockener Weißwein oder trockener
   weißer Wermut
2 TL fein gehackte Thymianblättchen
18 kleine Nürnberger Rostbratwürste
6 runde knusprige Brötchen (Ø je etwa 7 cm),
   aufgeschnitten
150 g Greyerzer, gerieben
körniger Senf

1. In einer sehr großen Pfanne das Öl auf mittlerer bis hoher Stufe erhitzen. Die Zwiebelringe mit 1 TL Salz und ½ TL Pfeffer ins heiße Öl geben, gründlich durchrühren und die Zwiebeln in der verschlossenen Pfanne unter gelegentlichem Rühren in etwa 5 Min. etwas weicher dünsten. Den Pfannendeckel abnehmen, die Hitze auf mittel bis schwach stellen und die Zwiebeln in 25–30 Min. sehr weich und goldbraun braten, dabei ab und zu umrühren. Die Hitze auf mittlere bis hohe Stufe stellen, Wein oder Wermut und den Thymian einrühren und 1 Min. kochen lassen, bis der Alkohol verdampft ist. Die karamellisierten Zwiebeln mit Salz und Pfeffer abschmecken und die Pfanne vom Herd nehmen.

2. Den Grill für direkte schwache bis mittlere Hitze (175–200 °C) vorbereiten.

3. Die Würstchen auf dem Rost über *direkter schwacher bis mittlerer Hitze* bei geschlossenem Deckel 5–7 Min. grillen, bis sie durcherhitzt und gebräunt sind, dabei ein- bis zweimal wenden. Während der letzten 30–60 Sek. die Brötchenhälften mit den Schnittflächen nach unten über direkter Hitze rösten. Die Brötchenhälften wenden, die Schnittflächen mit Käse bestreuen und kurz weiterrösten, bis der Käse schmilzt.

4. Die Brötchenunterseiten mit Senf bestreichen, darauf je 3 Rostbratwürstchen und karamellisierte Zwiebeln anrichten, mit der Brötchenoberseite abdecken und warm servieren. Servieren Sie als Beilage den Tomaten-Avocado-Salat mit zitroniger Kapern-Vinaigrette (siehe Seite 120).

FÜR 6 PERSONEN

CERVELAT-BROTE

MIT EINGELEGTEN ROTEN ZWIEBELN UND SENF-AÏOLI

ZUBEREITUNGSZEIT: **20 Min.**
MARINIERZEIT: **1 Std.**
GRILLZEIT: **2–20 Min., je nach Wurstsorte**

Für die Zwiebeln

125 ml weißer Tafelessig
1 TL grobes Meersalz
2 Knoblauchzehen, in Stifte geschnitten
1 kleine rote Zwiebel, halbiert und in feine
    Halbringe geschnitten
4 kleine Stängel Dill

Für die Aïoli

1 sehr frisches Eigelb (Größe L)
1 EL frisch gepresster Zitronensaft
¼ TL grobes Meersalz
125 ml Öl
125 ml mildes Olivenöl
2 EL körniger Senf
1 Knoblauchzehe, fein gerieben

4 Scheiben rustikales Weißbrot (je 2 cm dick)
mildes Olivenöl
500 g Cervelat, in ½ cm dicke Scheiben
    geschnitten, oder 4 rohe Kalbs- oder
    Schweinsbratwürste (je 100–120 g)
Dillspitzen zum Garnieren

1. Für die Zwiebeln in einem Topf den Essig mit 125 ml Wasser, Salz und Knoblauch verrühren und auf mittlerer bis hoher Stufe aufkochen. Den Topf vom Herd nehmen. Zwiebeln und Dillstängel einrühren, sodass die Zwiebeln gut mit Flüssigkeit bedeckt sind. Die Zwiebeln bei Raumtemperatur 1 Std. marinieren, dabei ab und zu umrühren. Vor dem Servieren oder Lagern den Dill entfernen. (Sie können die Zwiebeln 3 Tage im Voraus zubereiten und in einem luftdichten Gefäß im Kühlschrank aufbewahren.)

2. Für die Aïoli in einer Glas- oder Edelstahlschüssel das Eigelb mit Zitronensaft, 1 EL Wasser und dem Salz cremig rühren. Tropfenweise die beiden Öle mit dem Schneebesen unterrühren, bis eine dicke Mayonnaise entstanden ist. Dann Senf und geriebenen Knoblauch untermischen. Die Schüssel dicht verschließen und die Aïoli bis zur Verwendung in den Kühlschrank stellen. (Sie kann 1 Tag im Voraus zubereitet werden.)

3. Den Grill für direkte schwache bis mittlere Hitze (150–175 °C) vorbereiten.

4. Die Brotscheiben auf beiden Seiten dünn mit Olivenöl bespinseln.

5. Die Cervelatscheiben über *direkter schwacher bis mittlerer Hitze* bei geschlossenem Deckel 2 bis 3 Min. grillen, bis sie ein wenig gebräunt und heiß sind, dabei einmal wenden. Verwenden Sie Bratwürste, diese über *direkter schwacher bis mittlerer Hitze* bei geschlossenem Deckel 15–20 Min. grillen, bis sie gebräunt und durchgegart sind (Kerntemperatur 70 °C), dabei mehrmals wenden. Während der letzten 30–60 Sek. die Brote von beiden Seiten über direkter Hitze rösten.

6. Die Bratwürste noch schräg in gut 1 cm dicke Scheiben schneiden. Die Brotscheiben auf der Oberseite mit je 2 EL Aïoli bestreichen, gleichmäßig mit Wurstscheiben und abgetropften Zwiebeln belegen und mit Dill garnieren. Die übrige Aïoli kann bis zu 1 Woche luftdicht verschlossen im Kühlschrank aufbewahrt werden.

FÜR 4 PERSONEN

TIPP!

Wenn Sie für die Zubereitung der Aïoli keine Zeit haben, verrühren Sie einfach 200–250 g fertige Mayonnaise mit dem Senf und dem Knoblauch.

NUDELN
MIT AUSTERN, WEISSWEIN UND PIKANTEN WÜRSTEN

ZUBEREITUNGSZEIT: 30 Min.
GRILLZEIT: 10–18 Min.
ZUBEHÖR: gelochte Grillpfanne, Austernmesser

3 gebrühte, würzige Schweinsbratwürste (je 100–120 g), quer in ½ cm dicke Scheiben geschnitten
16 frische Austern in der Schale
grobes Meersalz
2 EL Butter
4 EL fein gewürfelte Schalotten
375 ml salzarme Hühnerbrühe
2 EL Weißwein
320 g Sahne (vorzugsweise 35 % Fett)
frisch gemahlener weißer Pfeffer
500 g lange dünne italienische Nudeln (Capellini)
50 g Winter- oder Brunnenkresse oder Rucola, nur die zarten Blätter und Stiele grob gehackt
fein abgeriebene Schale von 1 Bio-Zitrone
2 EL frisch gepresster Zitronensaft

1. Den Grill für direkte mittlere bis starke Hitze (200–260 °C) vorbereiten und die gelochte Grillpfanne vorheizen.

2. Wurstscheiben in einer Lage in der Grillpfanne verteilen und über *direkter mittlerer bis starker Hitze* bei geschlossenem Deckel 4–6 Min. grillen, bis sie kräftig gebräunt und knackig sind, dabei einmal wenden. Vom Grill nehmen, auf Küchenpapier entfetten und abgedeckt beiseitestellen.

3. Die Austern mit der flachen Schalenseite nach oben nebeneinander in die Grillpfanne setzen und über *direkter mittlerer bis starker Hitze* bei geschlossenem Grilldeckel 6–12 Min. grillen, bis die Austernflüssigkeit zischt und auszutreten beginnt und sich die Schalen etwas geöffnet haben. Die Austern vorsichtig auf einen hitzfesten Teller setzen, dabei möglichst keine Flüssigkeit aus den Schalen verschütten, und abkühlen lassen. Dann die Austern über einer kleinen Schüssel mit dem Austernmesser auslösen, dabei das Austernfleisch und die Flüssigkeit in die Schüssel geben. Bei Bedarf die Flüssigkeit durch ein feines Sieb seihen, um kleine Schalenreste oder Sand aufzufangen. Das Austernfleisch aber nicht abspülen! In der Schüssel abgedeckt beiseitestellen.

4. In einem großen Topf reichlich Wasser für die Nudeln aufkochen und salzen. Inzwischen in einer sehr großen Pfanne auf mittlerer Stufe die Butter zerlassen. Die Schalotten darin unter gelegentlichem Rühren etwa 5 Min. dünsten, bis sie etwas weicher sind. Bei Bedarf die Hitze reduzieren, damit sie nicht bräunen. Brühe und Wein zugeben, auf mittlerer Stufe kurz aufkochen und 2 Min. köcheln lassen. Die Sahne und ¼ TL weißen Pfeffer unterrühren und alles 2–3 Min. köcheln lassen. Die Hitze anschließend auf kleinste Stufe stellen.

5. Die Nudeln nach Packungsanweisung bissfest garen. Kurz vor dem Abseihen 250 ml Nudelkochwasser abnehmen und beiseitestellen. Die abgeseihten Nudeln zügig mit der Sahnesauce in der Pfanne vermischen, Würste, Austern samt Flüssigkeit sowie Kresse oder Rucola untermischen, bis die Nudeln gleichmäßig mit Sauce überzogen und heiß sind (die Austern dabei aber nicht übergaren, sonst werden sie hart). Nach Bedarf etwas Kochwasser unterrühren, sollten die Nudeln zu trocken sein. Mit Zitronenschale und -saft sowie nach Geschmack mit Salz und weißem Pfeffer würzen und sofort servieren.

FÜR 4–6 PERSONEN

BRUNCH-PIZZA

ZUBEREITUNGSZEIT: 30 Min.
GRILLZEIT: 14–20 Min.

12 gebrühte Geflügelbratwürstchen (je 30 g)
1 mittelgroße rote Zwiebel, in 1 cm breite
   Spalten geschnitten
1 große rote Paprikaschote
Olivenöl
2 TL Aceto balsamico
1 ½ TL fein gehackter Rosmarin
½ TL grobes Meersalz
½ TL frisch gemahlener schwarzer Pfeffer
500 g frischer Pizzateig (Kühlregal),
   raumtemperiert
200 g grob geriebener Monterey Jack
   (ersatzweise milder Cheddar oder italienischer
   Galbanino)
50 g geriebener Parmesan

1. Den Grill für direkte mittlere Hitze (175–230 °C) vorbereiten.

2. Würstchen, Zwiebelspalten und Paprikaschote rundherum mit Öl bepinseln und über *direkter mittlerer Hitze* bei geschlossenem Deckel grillen, bis sie ein deutliches Grillmuster angenommen haben, dabei einmal wenden. Rechnen Sie für die Würstchen und Paprika etwa 6 Min. Grillzeit, für die Zwiebelspalten etwa 10 Min. Anschließend die Zutaten in gut 1 cm große Stücke schneiden und in einer Schüssel mit Essig, gehacktem Rosmarin, Salz und Pfeffer mischen.

3. Den Pizzateig in vier gleich große Stücke teilen. Aus Backpapier vier etwa 22 cm große Quadrate zuschneiden und die Oberseite jeweils dünn mit Öl bepinseln. Jedes Teigstück auf einem eingeölten Stück Backpapier zu einem 20 cm großen, etwa 1 cm dicken Kreis ausrollen oder ausziehen und die Teigoberseite dünn mit Öl bestreichen. Bei Raumtemperatur 10 Min. ruhen lassen.

4. Die Teigkreise mit dem Backpapier nach oben über *direkter mittlerer Hitze* bei geschlossenem Deckel 2–5 Min. grillen, bis die Unterseite jeweils ein deutliches Grillmuster angenommen hat und fest ist, dabei die Teigkreise für ein gleichmäßiges Backen nach Bedarf auf dem Rost drehen. Backpapier abziehen, die Pizzen mit der gegrillten Seite nach oben auf eine Arbeitsfläche legen.

5. Die Pizzen gleichmäßig zuerst mit geriebenem Käse, dann mit der Würstchenmischung belegen und mit Parmesan bestreuen, dabei einen ½ cm breiten äußeren Rand aussparen. Die Pizzen mit der belegten Seite nach oben über *direkter mittlerer Hitze* bei geschlossenem Deckel 2–5 Min. weitergrillen, bis der Käse geschmolzen und die Unterseite jeweils knusprig ist, dabei die Pizzen ab und zu auf dem Rost drehen. Vom Grill nehmen, auf einem Schneidbrett in Spalten schneiden und warm servieren.

FÜR 4 PERSONEN

TIPP!

Die Pizzen können auf einem Gas- oder Holzkohlegrill zubereitet werden, allerdings nimmt der Pizzateig nur auf dem Holzkohlegrill jene unvergleichliche Rauchnote an, die an die knusprigen Exemplare aus dem Holzofen erinnert.

GEFLÜGELBRATWÜRSTE
MIT APFEL-KRESSE-SALAT UND GETROCKNETEN KIRSCHEN

ZUBEREITUNGSZEIT: 20 Min.
GRILLZEIT: 5–7 Min.

Für die Vinaigrette

2 EL fein gewürfelte Schalotten
2 EL Champagner-Essig
2 TL fein gehackte Thymianblättchen
2 TL Honig
1 TL grobes Meersalz
¼ TL frisch gemahlener schwarzer Pfeffer
100 ml Olivenöl

4 gebrühte Geflügelbratwürste mit Kräutern
   (je 100–120 g)
2 mittelgroße rote Äpfel, in feine Stifte
   geschnitten
300 g Winter- oder Brunnenkresse,
   dickere Stiele entfernt
75 g blanchierte Mandelkerne, geröstet,
   grob gehackt
75 g getrocknete Kirschen, grob gehackt

1. Den Grill für direkte mittlere Hitze (175–230 °C) vorbereiten.

2. In einer großen Schüssel die Zutaten für die Vinaigrette bis auf das Öl verrühren. Langsam das Öl dazuträufeln und mit einem Schneebesen unterschlagen, bis sich eine Emulsion gebildet hat. Die Vinaigrette beiseitestellen.

3. Die Würste über *direkter mittlerer Hitze* bei geschlossenem Deckel 5–7 Min. grillen, bis sie kräftig gebräunt und durcherhitzt sind, dabei gelegentlich wenden. Vom Grill nehmen und schräg in gut 1 cm dicke Scheiben schneiden.

4. Die Vinaigrette noch einmal aufschlagen. Apfelstifte, Kresse, Mandeln und Kirschen in die große Schüssel geben und mit der Vinaigrette vermischen. Den Salat in die Mitte einer flachen Servierschüssel häufen und rundherum die Wurstscheiben anrichten. Sofort servieren.

FÜR 4 PERSONEN

GLASIERTE GEFLÜGELWURSTSPIESSE
MIT NEKTARINEN

ZUBEREITUNGSZEIT: 25 Min.
GRILLZEIT: 6–8 Min.
ZUBEHÖR: 10 Metall- oder Holzspieße

Für die Glasur

1 TL fein abgeriebene Schale von 1 Bio-Zitrone
4 EL frisch gepresster Limettensaft
4 EL Honig
2 EL fein gehackte Korianderblätter
1 EL salzarme Sojasauce
½ TL grobes Meersalz

8 gebrühte Geflügelbratwürste (je 100–120 g)
4 mittelgroße Nektarinen
1 EL Olivenöl
heißer Reis als Beilage (nach Belieben)

Süße Glasuren wie diese hier immer erst
während der letzten 3–5 Min. der Grillzeit
auftragen, sonst können sie verbrennen.

1. Holzspieße mind. 30 Min. wässern.

2. Den Grill für direkte mittlere Hitze (175–230 °C)
vorbereiten.

3. Die Zutaten für die Glasur glatt rühren.

4. Die Würste quer in jeweils fünf Stücke schneiden. Die Nektarinen jeweils in zehn Stücke in
der Größe der Wurststücke schneiden. Nektarinen
mit dem Öl mischen. Je 4 Wurst- und Nektarinen-
stücke abwechselnd und nicht zu eng auf die
Spieße stecken. Oder die Würste und Nektarinen
separat auf die Spieße stecken.

5. Die Spieße über *direkter mittlerer Hitze* bei
geschlossenem Deckel 6–8 Min. grillen, bis die
Würste durcherhitzt und die Nektarinen stellenweise gebräunt sind, dabei die Spieße alle 2 Min.
wenden und während der letzten 4 Min. der Grillzeit mit Glasur bestreichen. Vom Grill nehmen,
nach Belieben auf einem heißen Reisbett anrichten
und sofort servieren.

FÜR 4 PERSONEN,
FÜR 8 PERSONEN ALS VORSPEISE

GEFLÜGELBRATWÜRSTE
MIT FENCHEL-GRAPEFRUIT-SALAT

ZUBEREITUNGSZEIT: 20 Min.
GRILLZEIT: 5–7 Min.

Für das Dressing

3 EL Olivenöl
2 EL frisch gepresster Zitronensaft
2 TL Dijon-Senf
½ TL gemahlener Kreuzkümmel
½ TL grobes Meersalz
¼ TL frisch gemahlener schwarzer Pfeffer

1 Fenchelknolle (etwa 180 g), geputzt, halbiert,
    Strunk entfernt, in sehr feine Scheiben
    geschnitten oder gehobelt
4 EL Petersilienblätter, grob gehackt
2 rosafleischige Grapefruits
    (vorzugsweise die Sorte Ruby)
4 gebrühte Geflügelbratwürste (je 100–120 g)

1. In einer mittelgroßen Schüssel die Zutaten
für das Dressing zu einer Emulsion aufschlagen,
anschließend Fenchelscheiben und Petersilie
untermischen. Bis zum Servieren abgedeckt in
den Kühlschrank stellen.

2. Mit einem scharfen Schälmesser die Schale
und weiße Haut der aufrecht gestellten Grapefruits
streifenweise wegschneiden, anschließend die
einzelnen Fruchtfleischsegmente aus den Trenn-
häuten herausschneiden. Die Grapefruitspalten
auf einem Teller bis zum Servieren bei Raumtemperatur beiseitestellen.

3. Den Grill für direkte mittlere Hitze (175–230 °C)
vorbereiten.

4. Die Würste über *direkter mittlerer Hitze* bei
geschlossenem Deckel 5–7 Min. grillen, bis sie
gebräunt und durcherhitzt sind, dabei gelegentlich
wenden. Vom Grill nehmen und schräg in dünne
Scheiben schneiden.

5. Die Grapefruitspalten behutsam unter den
Fenchelsalat mischen. Den Salat auf einem Servierteller anrichten und darauf oder daneben
die Wurstscheiben geben. Sofort servieren.

FÜR 4 PERSONEN

Beim Herausschneiden der einzelnen Frucht-
segmente aus der geschälten ganzen Grape-
fruit erhalten Sie »Filets« – optisch anspre-
chende, saftig-weiche Fruchtfleischspalten.

BRUSCHETTA
MIT KNOBLAUCHWÜRSTEN, MAIS UND KRESSE

ZUBEREITUNGSZEIT: **15 Min.**
GRILLZEIT: **9–11 Min.**

1 Bund Brunnenkresse (etwa 125 g), dickere
   Stiele entfernt, die Blätter grob gehackt
200 g frische Maiskörner (von 1–2 Kolben)
1 große Schalotte, fein gewürfelt
fein abgeriebene Schale von 1 Bio-Zitrone
1 ½ EL frisch gepresster Zitronensaft
1 TL fein gehackter Knoblauch
1 TL Dijon-Senf
Olivenöl
grobes Meersalz
frisch gemahlener schwarzer Pfeffer
8 Scheiben französisches Weiß- oder
   Sauerteigbrot (je 8–12 cm lang und
   1 ¼ cm dick)
4 gebrühte Bratwürste mit Knoblauch
   (je 100–120 g)

1. Den Grill für direkte mittlere Hitze (175–230 °C) vorbereiten.

2. In einer großen Schüssel die Kresse mit Mais, Schalotte, Zitronenschale und -saft, Knoblauch, Senf, 5 EL Öl, ½ TL Salz und ¼ TL Pfeffer vermengen. Die Brotscheiben auf beiden Seiten dünn mit Öl bestreichen, leicht salzen und pfeffern.

3. Die Würste der Länge nach halbieren und die Hälften auf dem Rost über *direkter mittlerer Hitze* bei geschlossenem Deckel 8–10 Min. grillen, bis sie schön gebräunt und durcherhitzt sind, dabei einmal wenden. Vom Grill nehmen und quer in gut 1 cm dicke Scheiben schneiden. Die Scheiben in die große Schüssel geben und unter Mais und Kresse mischen.

4. Die Brotscheiben über *direkter mittlerer Hitze* etwa 1 Min. rösten, dabei einmal wenden, bis sie von beiden Seiten goldgelb, aber noch nicht knusprig sind. Auf einzelne Teller verteilen und auf jeder Scheibe etwas von dem Wurst-Mix anrichten. Warm servieren.

FÜR 8 PERSONEN ALS VORSPEISE

CLUB-SANDWICH
MIT GEGRILLTEN WÜRSTEN UND GERÖSTETER PAPRIKA-MAYONNAISE

ZUBEREITUNGSZEIT: 35 Min.
KÜHLZEIT: 1 Std.
GRILLZEIT: 18–23 Min.
ZUBEHÖR: gelochte Grillpfanne

1 mittelgroße rote Paprikaschote
2 Knoblauchzehen, geschält
1 EL Rotweinessig
2 TL frisch gepresster Zitronensaft
½ TL Dijon-Senf
grobes Meersalz
frisch gemahlener schwarzer Pfeffer
250 g Mayonnaise
1 EL Olivenöl
1 mittelgroße weiße oder braune Zwiebel,
    quer in ½ cm dicke Ringe geschnitten
4 gebrühte Schweins- oder Geflügelbratwürste
    (je 100–120 g), der Länge nach eingeschnitten
    (aber nicht durchschneiden!)
12 Scheiben französisches Sauerteig- oder
    Kartoffelbrot oder ein anderes Sandwichbrot
3 kleine Tomaten, quer in ½ cm dicke Scheiben
    geschnitten
1 große Avocado, das Fruchtfleisch in ½ cm dicke
    Scheiben geschnitten
16 große Basilikumblätter

1. Den Grill für direkte mittlere Hitze (175–230 °C)
vorbereiten.

2. Die ganze Paprikaschote über *direkter mittlerer
Hitze* bei geschlossenem Deckel 12–15 Min. grillen, dabei ab und zu wenden, bis die Haut rundherum verkohlt ist und Blasen wirft. Die gegrillte

Paprikaschote in einer mit Frischhaltefolie abgedeckten Schüssel 10 Min. ausdampfen lassen.
Anschließend die verkohlte Haut abziehen,
Stielansatz, Kerne und Trennwände entfernen
und das Fruchtfleisch in Stücke schneiden.

3. Die Knoblauchzehen bei laufendem Motor in
die Küchenmaschine geben und fein hacken. Knoblauchreste an der Schüsselwand nach unten schieben. Die Paprikastücke dazugeben und alles zu
einem stückigen Püree mixen. Reste an der Schüsselwand erneut nach unten schieben. Essig, Zitronensaft, Senf, ½ TL Salz und ¼ TL Pfeffer zufügen,
alles kurz durchmixen, dann noch einmal Reste
an der Schüsselwand nach unten schieben. Die
Mayonnaise zugeben und mit dem Intervallschalter
die Mischung glatt mixen (ein paar sichtbare Pap-
rikastückchen sind in Ordnung). Die Paprika-
Mayonnaise in ein Gefäß mit dicht schließendem
Deckel geben und 1 Std. kalt stellen (oder die Mayonnaise bis zu 3 Tage im Voraus zubereiten).

4. Die gelochte Grillpfanne über *direkter mittlerer
Hitze* etwa 10 Min. vorheizen. Inzwischen in einer
Schüssel das Öl mit ½ TL Salz und ¼ TL Pfeffer mit
einem Schneebesen verrühren. Zwiebelringe mit
dem Würzöl vermischen, die Ringe in einer Lage
in der vorgeheizten Grillpfanne verteilen und über
direkter mittlerer Hitze bei geschlossenem Deckel
4–5 Min. grillen, bis sie weich und leicht gebräunt
sind, dabei gelegentlich wenden. Gleichzeitig die
Würste auf dem Rost über *direkter mittlerer Hitze*
6–8 Min. grillen, bis sie durcherhitzt sind, dabei
einmal wenden. Während der letzten 30–60 Sek.
der Grillzeit die Brotscheiben über direkter Hitze
rösten, dabei einmal wenden.

88

5. Jeweils 4 Brote großzügig mit Paprika-Mayonnaise bestreichen, dann mit Tomaten- und Avocadoscheiben belegen, die Brote mit einer weiteren Brotscheibe abdecken und diese wieder mit Mayonnaise bestreichen. Darauf jeweils 1 aufgeklappte Wurst, gegrillte Zwiebelringe und 4 Basilikumblätter geben. Die restlichen Brotscheiben mit der übrigen Mayonnaise bestreichen und die belegten Brote damit abdecken (die Seite mit der Mayonnaise nach unten). Sofort servieren und als Beilage den Rosenkohl mit weißer Balsamico-Vinaigrette (siehe Seite 119) reichen.

FÜR 4 PERSONEN

TIPP!

Wahrscheinlich werden Sie nicht die gesamte Mayonnaise für die Sandwiche brauchen. Sie lässt sich auch als würzige Grundlage für Salatdressings weiterverwenden, schmeckt gut zu Tomaten oder als Rohkost-Dip.

CURRYWURST
MIT SELBST GEMACHTEM CURRYKETCHUP

ZUBEREITUNGSZEIT: 10 Min., plus etwa 30 Min. für den Ketchup
GRILLZEIT: 10–15 Min.

Für den Ketchup

2 EL Olivenöl
1 kleine weiße oder braune Zwiebel, halbiert, in feine Scheiben geschnitten
1 EL Currypulver
2 TL geräuchertes Paprikapulver
1 Dose stückige Tomaten (400 g)
5 EL Zucker
4 EL Rotweinessig
¼ TL grobes Meersalz
¼ TL frisch gemahlener schwarzer Pfeffer

4 gebrühte Kalbsbratwürste (je 100–120 g)
4 knusprige Brötchen, aufgeschnitten
Currypulver (nach Belieben)

TIPP!

Sie können unzählige Ketchup-Varianten mit diesem Rezept zubereiten, je nachdem, welches Currypulver sie verwenden: scharfes Madras, süßliches Garam Masala oder eines der vielen anderen Currypulver, die Sie in indischen Feinkostläden bekommen.

1. Für den Ketchup in einer mittelgroßen Pfanne das Öl auf mittlerer Stufe erhitzen. Die Zwiebel darin unter häufigem Rühren in 6–8 Min. weich braten und an den Rändern leicht bräunen. Curry- und Paprikapulver etwa 20 Sek. unterrühren, bis sie aromatisch duften.

2. Tomaten, Zucker, Essig, Salz und Pfeffer in die Pfanne geben, die Hitze auf mittlere bis hohe Stufe stellen und die Sauce kurz köcheln lassen, bis sich der Zucker aufgelöst hat. Dann auf schwache Hitze reduzieren und die Sauce unter gelegentlichem Rühren 15–20 Min. sanft köcheln lassen, bis sie wie eine dickliche Glasur eingekocht ist. In einen großen Standmixer gießen, etwas abkühlen lassen, anschließend glatt pürieren und dabei nach Bedarf Saucenreste an der Mixerwand wieder nach unten schieben. Den Ketchup in einen Topf gießen und zugedeckt warm halten.

3. Den Grill für indirekte mittlere Hitze (175–230 °C) vorbereiten.

4. Die Bratwürste an mehreren Stellen flach, leicht schräg einschneiden und über *indirekter mittlerer Hitze* bei geschlossenem Deckel 10–15 Min. grillen, bis sie gebräunt und durcherhitzt sind, dabei gelegentlich wenden. Während der letzten 30–60 Sek. der Grillzeit die Brötchen mit den Schnittflächen nach unten über direkter Hitze rösten.

5. Die Würste auf einzelnen Tellern anrichten und Ketchup darübergeben. Nach Belieben mit Currypulver bestreuen und warm mit Brötchen servieren.

FÜR 4 PERSONEN

CURRYWURST
MIT INDISCHEM NAAN-BROT UND BLUMENKOHL-RELISH

ZUBEREITUNGSZEIT: 15 Min.
KÜHLZEIT: 3 Std.
GRILLZEIT: 10–15 Min.

Für das Relish

½ kleiner Blumenkohl (etwa 300 g)
180 ml Apfelessig
4 EL fein gewürfelte rote Paprikaschote
    (etwa ½ Schote)
2 EL Zucker
1 ½ TL Currypulver
1 ½ TL grobes Meersalz
⅛ TL gemahlener Cayennepfeffer

6 gebrühte Kalbs- oder Schweinsbratwürste
    (je 100–120 g)
6 Naan-Brote (ersatzweise Pita-Brote)
fertiger Curryketchup (oder eine der selbst
    gemachten Currysaucen von S. 136–137)

1. Für das Relish den Blumenkohl in sehr kleine, etwa ½ cm breite Röschen teilen, die Stiele der Röschen grob hacken. In einen kleinen Topf geben und die restlichen Relish-Zutaten sowie 180 ml Wasser zufügen. Unter Rühren aufkochen, damit sich der Zucker auflöst, dann auf kleinerer Stufe 5 Min. köcheln lassen. Das Relish in etwa 1 Std. auf Raumtemperatur abkühlen lassen, anschließend abgedeckt mind. 2 Std. kalt stellen.

2. Den Grill für indirekte mittlere Hitze (175–230 ºC) vorbereiten.

3. Die Bratwürste über *indirekter mittlerer Hitze* bei geschlossenem Deckel 10–15 Min. grillen, bis sie schön gebräunt und durcherhitzt sind, dabei ein- bis zweimal wenden. Während der letzten Minute der Grillzeit die Naan-Brote über indirekter Hitze erwärmen, dabei einmal wenden.

4. Auf jedes Brot 1 Grillwurst legen und darauf mit einem Schaumlöffel Relish und nach Geschmack Curryketchup geben. Sofort servieren.

FÜR 6 PERSONEN

KNACKWURST
MIT SAUERKRAUT UND KIRSCH-MOSTARDA

ZUBEREITUNGSZEIT: 35 Min.
GRILLZEIT: 7–9 Min.

Für die Mostarda

1 EL Olivenöl
1 mittelgroße rote Zwiebel, fein gewürfelt
1 EL fein gehackter Ingwer
2 Knoblauchzehen, fein gehackt
150 g getrocknete Sauerkirschen
1 TL gemahlener Kreuzkümmel
¼ TL gemahlener Cayennepfeffer
80 ml Granatapfelsaft
1 EL Aceto balsamico
2 TL Honig
4 EL Kirschkonfitüre
5 TL Dijon-Senf
¼ TL grobes Meersalz

6 Knackwürste oder Knacker
6 Hot-Dog-Brötchen, aufgeschnitten
150 g Sauerkraut, abgetropft

TIPP!

Anstelle von Granatapfelsaft können Sie für die Mostarda auch Kirsch- oder Cranberrysaft verwenden.

1. Den Grill für direkte mittlere Hitze (175–230 °C) vorbereiten.

2. Für die Mostarda (italienisch Senffrüchte) in einer mittelgroßen Pfanne das Öl auf mittlerer bis hoher Stufe erhitzen. Darin die Zwiebelwürfel mit Ingwer und Knoblauch unter gelegentlichem Rühren in 4–5 Min. etwas weicher dünsten. Sauerkirschen, Kreuzkümmel und Cayennepfeffer zufügen und die Kirschen 2–3 Min. garen. Saft, Essig und Honig einrühren und alles 3–4 Min. köcheln lassen, bis die Kirschen weich sind. Den Kirsch-Mix in eine Schüssel geben, 10 Min. abkühlen lassen, dann Konfitüre, Senf und Salz unterrühren.

3. Die Würste an mehreren Stellen flach einschneiden und über *direkter mittlerer Hitze* bei geschlossenem Deckel 7–9 Min. grillen, bis sie durch und durch heiß sind, dabei ab und zu wenden. Während der letzten 30–60 Sek. die Brötchen mit den Schnittflächen nach unten über direkter Hitze rösten.

4. In einer sauberen mittelgroßen Pfanne das Sauerkraut auf mittlerer bis hoher Stufe 3–4 Min. erhitzen, dabei gelegentlich umrühren. Zwischen die Brötchenhälften jeweils 1 Wurst legen, darauf ein wenig Mostarda und Sauerkraut geben und sofort servieren.

FÜR 6 PERSONEN

BOCKWÜRSTE
MIT MAIS-PILZE-RELISH

ZUBEREITUNGSZEIT: 20 Min.
GRILLZEIT: 14–21 Min.

Olivenöl
180 g Shiitake-Pilze, harte Stiele entfernt,
    grob zerkleinert
grobes Meersalz
frisch gemahlener schwarzer Pfeffer

Für das Dressing
1 große Knoblauchzehe, fein gehackt
½ TL Zucker
½ TL gemahlener Kreuzkümmel
¼ TL Chipotle-Chilipulver

4 Maiskolben, Hüllblätter entfernt
5 getrocknete Tomatenhälften, grob zerkleinert
3 EL grob gehackte Korianderblätter
2 EL frisch gepresster Limettensaft
    (oder nach Geschmack)
½ TL scharfe Chilisauce (oder nach Geschmack)
4 Bockwürste (je 120–180 g), der Länge nach
    eingeschnitten (aber nicht durchschneiden!)

1. In einer beschichteten Pfanne 1 EL Öl auf mittlerer bis hoher Stufe erhitzen. Die Pilze im heißen Öl unter häufigem Rühren in etwa 5 Min. goldgelb braten, dabei nach Bedarf die Hitze reduzieren. Die Pilze mit ¼ TL Salz und ⅛ TL Pfeffer würzen.

2. Den Grill für direkte mittlere Hitze (175–230 °C) vorbereiten.

3. In einer großen Schüssel den Knoblauch und die Gewürze für das Dressing mit 125 ml Öl, ¼ TL Salz und ¼ TL Pfeffer mit dem Schneebesen verrühren. Die Maiskolben rundherum mit etwas Dressing bestreichen. Die Schüssel mit dem übrigen Dressing beiseitestellen.

4. Die getrockneten Tomaten in einer kleinen Schüssel mit kochendem Wasser bedecken und 8–10 Min. darin einweichen.

5. Die Maiskolben über *direkter mittlerer Hitze* bei geschlossenem Deckel 10–15 Min. grillen, dabei gelegentlich wenden, bis die Körner knackig-zart und stellenweise gebräunt sind. Vom Grill nehmen, etwas abkühlen lassen, dann die Maiskörner von den Kolben schneiden und in der Schüssel mit dem Dressing vermischen.

6. Die eingeweichten Tomaten abgießen und abtropfen lassen. Mit Korianderblättern, Limettensaft und Chilisauce unter den Mais mischen. Beiseitestellen, während Sie die Würste grillen.

7. Die Bockwürste aufklappen und über *direkter mittlerer Hitze* bei geschlossenem Deckel 4–6 Min. grillen, bis sie kräftig gebräunt sind, dabei einmal wenden. Warm mit dem Relish servieren.

FÜR 4 PERSONEN

HOT DOGS
MIT TOMATEN-EISBERGSALAT UND SPECK

ZUBEREITUNGSZEIT: 20 Min.
GRILLZEIT: 4–5 Min.

Für das Dressing
1 EL Mayonnaise
2 TL Olivenöl
1 TL Dijon-Senf
1 TL Rotweinessig
¼ TL grobes Meersalz
¼ TL frisch gemahlener schwarzer Pfeffer

4 dicke Scheiben Frühstücksspeck
4 Frankfurter Rindswürste
4 Hot-Dog-Brötchen, aufgeschnitten
150 g Eisbergsalat, Blätter in feine Streifen geschnittten
1 mittelgroße Tomate, Stielansatz entfernt, entkernt, in 1 cm große Würfel geschnitten
1 Frühlingszwiebel, nur die weißen und hellgrünen Abschnitte in feine Scheiben geschnitten

1. Den Grill für direkte mittlere Hitze (175–230 °C) vorbereiten.

2. In einer mittelgroßen Schüssel die Zutaten für das Dressing verrühren. Beiseitestellen.

3. In einer mittelgroßen Pfanne die Speckscheiben auf mittlerer Stufe in 10–12 Min. unter gelegentlichem Wenden knusprig braten. Den Speck auf Küchenpapier entfetten, anschließend grob zerkleinern. Beiseitestellen.

4. Die Würste an mehreren Stellen flach und leicht schräg einschneiden und über *direkter mittlerer Hitze* bei geschlossenem Deckel 4–5 Min. grillen, bis sie durch und durch heiß sind, dabei gelegentlich wenden. Während der letzten 30–60 Sek. die Brötchen jeweils mit der Schnittfläche nach unten über direkter Hitze rösten.

5. Salatstreifen, Tomatenwürfel, Frühlingszwiebel und Speck in die Schüssel zum Dressing geben und alles vermengen. Zwischen die Brötchenhälften jeweils 1 Frankurter und darauf Salat geben und warm servieren.

FÜR 4 PERSONEN

CUBAN SANDWICHES
MIT FRANKFURTERN

ZUBEREITUNGSZEIT: 15 Min.
GRILLZEIT: 7–9 Min.
ZUBEHÖR: Grillplatte, Grillpresse oder ein in Alufolie gewickelter Ziegelstein

4 Frankfurter Rindswürste, der Länge nach eingeschnitten (aber nicht durchschneiden!)
4 EL körniger Dijon-Senf
4 längliche Sandwich-Brötchen, auf die Größe der Würstchen zugeschnitten, der Länge nach aufgeschnitten
8 Sandwich-Gurken
240 g geräucherter Kochschinken in dünnen Scheiben
160 g Emmentaler in dünnen Scheiben

Mit einer robusten Grillpresse oder einem in Alufolie eingewickelten Ziegelstein lassen sich die Cuban Sandwiches schön flach drücken. Das lässt auch den Käse besser schmelzen.

1. Den Grill für direkte mittlere Hitze (175–230 °C) vorbereiten und die Grillplatte vorheizen.

2. Die Rindswürste an mehreren Stellen flach und leicht schräg einschneiden und auf dem Rost über *direkter mittlerer Hitze* bei geschlossenem Deckel 3–4 Min. grillen, bis sie schön heiß sind, dabei einmal wenden. Vom Grill nehmen.

3. Auf der Unterseite der Sandwich-Brötchen je 1 EL Senf verstreichen. Mit je 2 Gurkenscheiben, 1 aufgeklappten Wurst, ¼ des Schinkens und Käses belegen und mit der Brötchenoberseite abdecken.

4. Sandwiche nebeneinander auf die Grillplatte über *direkte mittlere Hitze* legen und nacheinander mit der Grillpresse oder dem Ziegelstein flach drücken (nicht zu fest, sonst wird die Wurstfüllung herausgedrückt). Dann den Grilldeckel schließen und die Sandwiche 4–5 Min. rösten, bis der Käse geschmolzen und die Brötchen goldbraun sind, dabei einmal wenden und die Sandwiche erneut mit Presse oder Stein flach drücken. Heiß servieren.

FÜR 4 PERSONEN

KALIFORNISCHE HOT DOGS

MIT AVOCADO, RUCOLA UND BASILIKUMCREME

Für die Creme

100 g Schmand
4 EL grob gehackte Basilikumblätter
1 Frühlingszwiebel, grob gehackt
½ TL frisch gepresster Zitronensaft
¼ TL grobes Meersalz
1 kleine Knoblauchzehe, grob gehackt
⅛ TL scharfe Chilisauce
   (oder nach Geschmack)

4 Frankfurter Rindswürste
4 Hot-Dog-Brötchen, der Länge nach
   ein-, aber nicht durchgeschnitten
1 große Avocado, das Fruchtfleisch in feine
   Scheiben geschnitten
1 Handvoll zarte Rucolablätter, grob zerkleinert
1 große Möhre, fein geraspelt
1 Stück Salatgurke (70 g), fein gewürfelt
4 EL Maiskörner (frisch, aufgetaut oder
   abgetropft aus der Dose)

1. Den Grill für direkte mittlere Hitze (175–230 °C) vorbereiten.

2. Die Zutaten für die Basilikumcreme in der Küchenmaschine glatt pürieren.

3. Die Würste an mehreren Stellen flach und leicht schräg einschneiden und über ***direkter mittlerer Hitze*** bei geschlossenem Deckel 4–5 Min. grillen, bis sie durch und durch heiß sind, dabei gelegentlich wenden. Während der letzten 30–60 Sek. der Grillzeit die Brötchen mit den Schnittflächen nach unten über direkter Hitze rösten.

4. Zwischen die Brötchenhälften jeweils 1 Wurst legen und darauf Avocado, Rucola, Möhre, Gurke, Mais und Basilikumcreme geben. Sofort servieren.

FÜR 4 PERSONEN

TIPP!

Wussten Sie, dass Avocados nicht am Baum ausreifen? Nur gepflückte Avocados können vollständig reifen. Das ist einer der Gründe, warum es in den Gemüseabteilungen der Supermärkte häufig steinharte Früchte gibt. Zu Hause lässt sich der Reifeprozess beschleunigen, indem Sie die Avocados zusammen mit einem Apfel oder einer Banane in einer Papiertüte lagern. Das von diesen Früchten austretende »Reifegas« namens Ethylen bewirkt, dass das Avocadofruchtfleisch innerhalb von wenigen Tagen weich wird.

NEW YORK HOT DOGS
MIT SÜSSEN ZWIEBELN

ZUBEREITUNGSZEIT: 20 Min., plus etwa
40 Min. für die Zwiebeln
GRILLZEIT: 4–5 Min.

Für die Zwiebeln

1 TL Speisestärke
1 EL Barbecue-Sauce
1 EL Tomatenmark
1 EL Aceto balsamico
1 TL Dijon-Senf
1 TL hellbrauner Zucker
1 TL Kümmel
½ TL scharfe Chilisauce
2 EL Öl
2 große rote Zwiebeln, halbiert, in feine Scheiben
   geschnitten
¼ TL grobes Meersalz
1 TL fein gehackter Knoblauch

4 Frankfurter Rindswürste
4 weiche Hot-Dog-Brötchen,
   längs aufgeschnitten
scharfer Senf
Sandwich-Gurken

1. Für die Zwiebeln die Speisestärke in 160 ml Wasser glatt rühren, dann Barbecue-Sauce, Tomatenmark, Aceto balsamico, Senf, Zucker, Kümmel und Chilisauce unterrühren.

2. In einer Pfanne das Öl auf mittlerer Stufe erhitzen. Zwiebeln ins heiße Öl geben, salzen, einen Deckel halb auflegen und die Zwiebelscheiben in 10–12 Min. weich dünsten, ohne dass sie Farbe nehmen, dabei ab und zu umrühren. Den Knoblauch 1 Min. mitdünsten, dann die Stärkemischung gründlich unterrühren. Die Hitze auf kleine Stufe stellen und die Zwiebeln 20–25 Min. in der verschlossenen Pfanne weitergaren, bis sie saftigweich, aber nicht feucht sind, und schön glänzen. Während der Garzeit die Zwiebeln immer mal wieder umrühren und darauf achten, dass sie nicht ansetzen. Gegebenenfalls 1 EL Wasser unterrühren. Die Pfanne vom Herd nehmen.

3. Den Grill für direkte mittlere Hitze (175–230 °C) vorbereiten

4. Die Würste an mehreren Stellen flach einschneiden und über *direkter mittlerer Hitze* bei geschlossenem Deckel 4–5 Min. grillen, bis sie durch und durch heiß sind, dabei gelegentlich wenden. Während der letzten 30–60 Sek. Grillzeit die Brötchen mit den Schnittflächen nach unten über direkter Hitze rösten.

5. Zwischen den Brötchen jeweils etwas Senf verstreichen, 1 Wurst und großzügig Zwiebeln hineingeben und warm servieren. Dazu Sandwich-Gurken reichen.

FÜR 4 PERSONEN

UPTOWN HOT DOGS
MIT PROSCIUTTO UND ROTEM ZWIEBEL-RELISH

ZUBEREITUNGSZEIT: 20 Min., plus 20–24 Min. für das Relish
GRILLZEIT: 3–4 Min.

Für das Relish

2 EL Olivenöl
2 große rote Zwiebeln, fein gewürfelt
250 ml fruchtiger Rotwein (z. B. Zinfandel)
2 EL Rotweinessig
1 EL brauner Zucker
60 g Prosciutto (italienischer roher Schinken),
    Fettrand entfernt, sehr klein geschnitten
2 EL fein gehackte Basilikumblätter
½ TL grobes Meersalz
¼ TL frisch gemahlener schwarzer Pfeffer

4 Frankfurter Rindswürste, der Länge nach
    eingeschnitten (aber nicht durchschneiden!)
4 rechteckige Focaccia-Brote (je 2 ½ cm dick
    und 6 cm breit), aufgeschnitten
Olivenöl
2 EL körniger Senf

1. In einer Pfanne das Öl auf mittlerer Stufe erhitzen und die Zwiebelwürfel darin in 10–12 Min. sehr weich dünsten; ab und zu umrühren. Wein, Essig und Zucker hinzufügen und alles unter gelegentlichem Rühren 10–12 Min. köcheln lassen, bis die Flüssigkeit fast vollständig verkocht ist, die Mischung aber noch saftig ist. Die Pfanne vom Herd nehmen. Schinken, Basilikum, Salz und Pfeffer unterrühren.

2. Den Grill für direkte mittlere Hitze (175–230 °C) vorbereiten

3. Die Würste an mehreren Stellen flach und leicht schräg einschneiden. Die Schnittflächen der Focaccia-Brote dünn mit Öl bepinseln. Die Würste über *direkter mittlerer Hitze* bei geschlossenem Deckel 3–4 Min. grillen, bis sie schön heiß sind, dabei einmal wenden. Während der letzten 30–60 Sek. der Grillzeit die Focaccia-Hälften mit den Schnittflächen nach unten über direkter Hitze rösten, bis sie hell goldgelb, aber noch nicht knusprig sind.

4. Die Schnittflächen der Brote großzügig mit Senf bestreichen, zwischen die Brothälften je 1 aufgeklappte Wurst legen und darauf Zwiebel-Relish geben. Sofort servieren.

FÜR 4 PERSONEN

CHICAGO-STYLE HOT DOGS

ZUBEREITUNGSZEIT: **10 Min.**
GRILLZEIT: **4–5 Min.**

8 Tomatenscheiben (je ½ cm dick)
8 Frankfurter Rindswürste (etwas länger
    als die Brötchen)
8 Hot-Dog-Brötchen mit Mohn, längs
    eingeschnitten (aber nicht durchschneiden!)
16 eingelegte milde Peperoni (Glas)
2 große Dillgurken (Glas), jeweils der Länge
    nach in 4 Spalten geschnitten
1 mittelgroße weiße Zwiebel, fein gewürfelt,
    in einem Sieb unter fließendem kaltem Wasser
    abgespült, abgetropft
8 EL neongrünes Gurken-Relish (siehe Tipp)
amerikanischer Senf (yellow mustard)
Selleriesalz

1. Den Grill für direkte mittlere Hitze (175–230 °C) vorbereiten.

2. Die Tomatenscheiben halbieren. Die Würste an mehreren Stellen flach und leicht schräg einschneiden und über *direkter mittlerer Hitze* bei geschlossenem Deckel 4–5 Min. grillen, bis sie durch und durch heiß sind, dabei gelegentlich wenden.

3. Zwischen die Brötchen jeweils 1 Wurst legen, auf einer Brötchenseite nebeneinander je 2 Tomatenhälften setzen, dann auf die Würste jeweils 2 Peperoni, 1 Gurkenviertel, Zwiebelwürfel und 1 EL Relish geben und nach Geschmack mit Senf und Selleriesalz würzen. Sofort servieren.

FÜR **8** PERSONEN

TIPP!

Für Puristen besteht ein Chicago-style Hot Dog aus reiner Rindswurst, einem weichen Hot-Dog-Brötchen mit Mohn und folgenden (unerlässlichen!) Zutaten: nicht zu scharfe Peperoni *(sport peppers)*, eine Dillgurkenspalte *(dill pickle spear)*, Zwiebelwürfel, Tomatenscheiben, neongrünes Gurken-Relish *(super green sweet pickle relish)*, gelber Senf *(yellow mustard)* und ein Hauch von Selleriesalz – sonst nichts und niemals Ketchup. (Sollten Sie die eine oder andere Zutat nicht auftreiben können, ersetzen Sie sie durch eine andere – das bleibt unter uns!)

CHILI-HOT-DOGS
MIT TORTILLACHIPS

ZUBEREITUNGSZEIT: **15 Min., plus etwa
1 Std. für das Chili**
GRILLZEIT: **4–5 Min.**

Für das Chili

1 EL Olivenöl
250 g Rinderhackfleisch (vorzugsweise aus der
    Schulter; Fettanteil 20 %)
1 kleine Zwiebel, fein gewürfelt
1 Dose stückige Tomaten (400 g)
250 ml Tomatensaft
1 ½ TL gemahlener Kreuzkümmel
1 TL Ancho-Chilipulver
1 TL getrockneter Oregano
½ TL scharfe Chilisauce (oder nach Geschmack)
¼ TL grobes Meersalz
¼ TL frisch gemahlener schwarzer Pfeffer
1 Dose Kidneybohnen (400 g), abgetropft

8 Frankfurter Rindswürste
8 Hot-Dog-Brötchen, aufgeschnitten
100 g Cheddar, gerieben
1 Handvoll Tortillachips, zerbröckelt

1. Für das Chili das Öl in einer mittelgroßen Pfanne auf mittlerer bis hoher Stufe erhitzen. Das Hackfleisch mit der Zwiebel in die Pfanne geben und 4–6 Min. unter gelegentlichem Rühren mit einem Holzlöffel anbraten, dabei das Fleisch krümelig zerteilen. Tomaten, Tomatensaft, Kreuzkümmel, Chilipulver, Oregano, Chilisauce, Salz und Pfeffer dazugeben und lebhaft zum Köcheln bringen. Einen Deckel halb auflegen und das Chili auf mittlerer Stufe etwa 20 Min. köcheln lassen, bis es dick eingekocht ist. Gelegentlich umrühren, damit nichts ansetzt. Die Bohnen zufügen und das Chili 10 Min. weitergaren. Die Pfanne vom Herd nehmen und das Chili bis zu 30 Min. beiseitestellen. Vor dem Servieren noch einmal aufwärmen.

2. Den Grill für direkte mittlere Hitze (175–230 °C) vorbereiten

3. Die Würste an mehreren Stellen flach und leicht schräg einschneiden und über *direkter mittlerer Hitze* bei geschlossenem Deckel 4–5 Min. grillen, bis sie durch und durch heiß sind, dabei gelegentlich wenden. Während der letzten 30–60 Sek. die Brötchen jeweils mit der Schnittfläche nach unten über direkter Hitze rösten.

4. In die Brötchen je 1 Wurst legen, darauf warmes Chili, Käse und zerbröckelte Chips geben und sofort servieren.

FÜR **8** PERSONEN

SONORA HOT DOGS

ZUBEREITUNGSZEIT: 15 Min.
GRILLZEIT: etwa 8 Min.

4 Frankfurter Rindswürste
4 dünne Scheiben Frühstücksspeck
4 weiche Sandwich-Brötchen, aufgeschnitten
(aber nicht durchschneiden!)
4 EL Mayonnaise
100 g geriebener Monterey Jack (ersatzweise
milder Cheddar oder italienischer Galbanino)
250 g Wachtelbohnen (Pintobohnen; Dose)
abgebraust, abgetropft
1 große Tomate, Stielansatz entfernt, entkernt,
grob gewürfelt
25 g knackige Salatblätter, grob zerpflückt
1 kleine Avocado, Fruchtfleisch gewürfelt
5 EL eingelegte Jalapeño-Chilischoten in Ringen
(Glas), gut abgetropft

1. Den Grill für direkte schwache Hitze
(120–175 °C) vorbereiten.

2. Die Würste jeweils mit 1 Scheibe Speck
spiralförmig umwickeln.

3. Die Schnittflächen der Brötchen gleichmäßig
mit Mayonnaise bestreichen.

4. Die Frankfurter über *direkter schwacher Hitze*
bei geschlossenem Deckel etwa 8 Min. grillen,
dabei die Würste dreimal wenden, bis der Speck
rundum schön gebräunt und knusprig ist und
die Würste durch und durch heiß sind. Während
der letzten 30–60 Sek. der Grillzeit die Brötchen
mit den Mayonnaise bestrichenen Schnittflächen
nach unten über direkter Hitze rösten.

5. In jedes Brötchen 1 Wurst legen, darauf Käse,
Bohnen, Tomatenwürfel, Salatblätter, Avocado
und Chiliringe geben und sofort servieren.

FÜR 4 PERSONEN

Kaufen Sie möglichst magere Speckscheiben, denn das auf dem heißen Grill schnell
austretende Speckfett kann zu Flammenbildung führen, und bereiten Sie die Hot Dogs
über schwacher Hitze zu.

REUBEN HOT DOGS

ZUBEREITUNGSZEIT: 15 Min.
GRILLZEIT: 5–6 Min.

Für das Dressing

5 EL Mayonnaise
3 EL Ketchup
1 EL Gurken-Relish (Glas)

8 Hot-Dog-Brötchen, aufgeschnitten
2 EL weiche Butter
200 g Sauerkraut, abgetropft
8 Frankfurter Rindswürste, der Länge nach
  eingeschnitten (aber nicht durchschneiden!)
120 g geriebener Emmentaler
2 große Dillgurken (Glas), der Länge nach
  geviertelt (nach Belieben)

1. Den Grill für direkte mittlere Hitze (175–230 °C) vorbereiten.

2. In einer kleinen Schüssel die Zutaten für das Dressing verrühren. Beiseitestellen.

3. Die Schnittflächen der Brötchen mit Butter bestreichen.

4. In einer mittelgroßen Pfanne das Sauerkraut auf mittlerer Stufe unter gelegentlichem Rühren in 3–4 Min. heiß werden lassen und warm stellen.

5. Die Würste an mehreren Stellen flach und leicht schräg einschneiden und aufgeklappt (zunächst mit der Schnittfläche nach unten) über *direkter*

mittlerer Hitze bei geschlossenem Deckel 3 Min. grillen, dabei nach 2 Min. einmal wenden. Auf die Würste gleichmäßig Käse verteilen, den Deckel wieder schließen und die Würste 2–3 Min. weitergrillen, bis der Käse geschmolzen ist und die Würste heiß sind. Während der letzten 30–60 Sek. der Grillzeit die Brötchen mit den Schnittflächen nach unten über direkter Hitze rösten.

6. In den Brötchen großzügig Dressing verstreichen, in die Brötchen je 1 Wurst, Sauerkraut und nach Belieben Gurkenviertel geben und die Hot Dogs warm servieren.

FÜR 8 PERSONEN

TIPP!

Mit Reuben (*Ruben* gesprochen) verbindet man normalerweise einen Sandwich-Klassiker der USA: Zwischen zwei Roggenbrotscheiben kommen Corned Beef, Schweizer Emmentaler, Sauerkraut und Russian Dressing. Wer das Sandwich erfunden hat, ist unklar. Die einen schreiben es Reuben Kulakofsky zu, der es in den 1920er-Jahren für lange Pokerrunden im Blackstone Hotel in Omaha, Nebraska erfunden haben soll, andere gehen davon aus, dass der gebürtige Deutsche Arnold Reuben es für eine Schauspielerin in seinem Feinkostgeschäft in New York City 1914 erstmals kreierte. Für die Hot-Dog-Version sollten Sie unbedingt Brühwürste aus reinem Rindfleisch verwenden.

FRANKFURTER
MIT SAHNIGEN ZWIEBELN, RUCOLA UND SPECK

ZUBEREITUNGSZEIT: 10 Min.
GRILLZEIT: 12–15 Min.

5 dicke Scheiben Frühstücksspeck
1 große Zwiebel, quer in 1 cm dicke Scheiben
   geschnitten
Olivenöl
2 EL Butter
1 große Knoblauchzehe, fein gehackt
¼ TL geriebene Muskatnuss
⅛ TL gemahlener Cayennepfeffer
125 g Sahne (vorzugsweise 35 % Fett)
¼ TL grobes Meersalz
¼ TL frisch gemahlener schwarzer Pfeffer
4 Frankfurter Rindswürste
4 Hot-Dog-Brötchen, aufgeschnitten
80 g zarte Rucolablätter

Ihre Gäste werden Ihnen zufrieden auf die Schulter klopfen nach dem Genuss dieses üppigen Zwiebelbelags.

1. Den Grill für direkte mittlere Hitze (175–230 °C) vorbereiten.

2. In einer mittelgroßen Pfanne den Speck auf mittlerer Stufe in 10–12 Min. knusprig braten, dabei gelegentlich wenden. Den Speck auf Küchenpapier entfetten, anschließend grob zerkleinern.

3. Die Zwiebelscheiben auf beiden Seiten dünn mit Öl bepinseln und über *direkter mittlerer Hitze* bei geschlossenem Deckel 8–10 Min. grillen, bis sie weich und stellenweise gebräunt sind, dabei ein- bis zweimal. Vom Grill nehmen und fein würfeln.

4. In einer zweiten mittelgroßen Pfanne die Butter auf mittlerer Stufe schmelzen lassen und den Knoblauch mit Muskatnuss und Cayennepfeffer unter häufigem Rühren 1 Min. darin dünsten. Zwiebelwürfel dazugeben und 2 Min. mitgaren. Die Sahne zugießen, salzen und pfeffern und alles unter gelegentlichem Rühren 2–3 Min. einköcheln lassen, bis die Sahne um die Hälfte reduziert ist. Die Pfanne vom Herd nehmen.

5. Die Würste an mehreren Stellen flach und leicht schräg einschneiden und über *direkter mittlerer Hitze* bei geschlossenem Deckel 4–5 Min. grillen, bis sie durch und durch heiß sind, dabei gelegentlich wenden. Während der letzten 30–60 Sek. der Grillzeit die Brötchen mit den Schnittflächen nach unten über direkter Hitze rösten. In die Brötchen jeweils 1 Wurst, darauf sahnige Zwiebeln, Rucola und Speck geben und warm servieren.

FÜR 4 PERSONEN

SCHARFE BUFFALO-HOT-DOGS
MIT SELLERIE-RELISH UND BLAUSCHIMMELKÄSE

ZUBEREITUNGSZEIT: 20 Min.
GRILLZEIT: 4–5 Min.

Für das Relish

4 EL fein gewürfelte Schalotten
1 EL Weißweinessig
4 Stangen Bleichsellerie, geputzt,
   in kleine Würfel geschnitten
1 kleine Bio-Salatgurke, abgebraust,
   trockengetupft, in kleine Würfel geschnitten
2 EL Olivenöl
1 EL Mayonnaise
1 EL fein gehackte Dillspitzen
½ TL grobes Meersalz
¼ TL frisch gemahlener schwarzer Pfeffer
¼ TL Selleriesalz

4 Frankfurter Rindswürste
4 Hot-Dog-Brötchen mit Mohn, der Länge nach
   ein-, aber nicht durchgeschnitten
120 g Blauschimmelkäse, zerbröckelt
scharfe (Chicken-)Wing-Sauce

1. In einer mittelgroßen Schüssel die Schalotten mit dem Essig mischen und 20 Min. ziehen lassen. Selleriewürfel in ein feines Sieb geben. 750 ml Wasser zum Kochen bringen und die Selleriewürfel über dem Spülbecken langsam überbrühen; gut abtropfen lassen. Sellerie mit den restlichen Zutaten für das Relish in die Schüssel zu den Schalotten geben und alles gleichmäßig vermischen.

2. Den Grill für direkte mittlere Hitze (175–230 °C) vorbereiten.

3. Die Würste an mehreren Stellen flach und leicht schräg einschneiden und über *direkter mittlerer Hitze* bei geschlossenem Deckel 4–5 Min. grillen, bis sie durch und durch heiß sind, dabei gelegentlich wenden. Während der letzten 30–60 Sek. der Grillzeit die Brötchen mit den Schnittflächen nach unten über direkter Hitze rösten.

4. Auf die Unterseite der Brötchen jeweils 1 großzügigen Löffel Relish gleichmäßig verstreichen (möglicherweise werden Sie nicht das gesamte Relish brauchen), darauf je 1 Wurst, Blauschimmelkäse und scharfe Wing-Sauce geben und die Hot Dogs sofort servieren.

FÜR 4 PERSONEN

HOT DOGS PATAGONIEN
MIT AVOCADO-MAYONNAISE

ZUBEREITUNGSZEIT: 20 Min.
GRILLZEIT: 4–5 Min.

Für die Mayonnaise

1 große Avocado, das Fruchtfleisch gewürfelt
5 EL Mayonnaise
½ Jalapeño-Chilischote, entkernt,
   klein geschnitten
1 EL gewürfelte Schalotten
1 EL frisch gepresster Zitronensaft
1 Knoblauchzehe, zerdrückt oder
   durchgepresst
¼ TL grobes Meersalz
¼ TL frisch gemahlener schwarzer Pfeffer

8 Frankfurter Rindswürste
8 Hot-Dog-Brötchen, der Länge nach
   ein-, aber nicht durchgeschnitten
500 g Sauerkraut, abgetropft
500 g Tomaten, Stielansatz entfernt,
   entkernt, gewürfelt
4 EL grob gehackte Korianderblätter
4 EL fein gewürfelte rote Zwiebeln

1. Die Zutaten für die Mayonnaise in der Küchenmaschine glatt pürieren.

2. Den Grill für direkte mittlere Hitze (175–230 °C) vorbereiten

3. Die Würste an mehreren Stellen flach und leicht schräg einschneiden und über *direkter mittlerer Hitze* bei geschlossenem Deckel 4–5 Min. grillen, bis sie durch und durch heiß sind, dabei gelegentlich wenden. Während der letzten 30–60 Sek. der Grillzeit die Brötchen mit den Schnittflächen nach unten über direkter Hitze rösten.

4. Die Brötchen innen großzügig mit Avocado-Mayonnaise bestreichen (möglicherweise werden Sie nicht die gesamte Mayo brauchen), darauf jeweils 1 Wurst, Sauerkraut, Tomatenwürfel, Korianderblätter und Zwiebelwürfel geben und die Hot Dogs warm servieren.

FÜR 8 PERSONEN

TIPP!

In Patagonien, dem südlichen Ende Südamerikas, und hier vor allem im argentinischen Teil, werden Hot Dogs als farbenfrohe Mischung aus Unmengen von Sauerkraut, gewürfelten Tomaten und Avocado-Mayonnaise zubereitet.

Beilagen, eingelegtes Gemüse & Saucen

112

BEILAGEN

EINGELEGTES GEMÜSE & SAUCEN

MODERNER NUDELSALAT

ZUBEREITUNGSZEIT: 30 Min.
GRILLZEIT: 10–12 Min.
ZUBEHÖR: gelochte Grillpfanne

Für das Dressing

100 g Mayonnaise
1 TL fein abgeriebene Schale von 1 Bio-Zitrone
2 EL frisch gepresster Zitronensaft
1 EL Dijon-Senf
¾ TL grobes Meersalz
¾ TL frisch gemahlener schwarzer Pfeffer
½ TL Paprikapulver
¼ TL scharfe Chilisauce

250 g kleine Maccheroni oder Hörnchennudeln
1 EL Olivenöl
2 mittelgroße rote Paprikaschoten
3 Stangen Bleichsellerie, in feine Scheiben
   geschnitten
3 Frühlingszwiebeln, nur die weißen und
   hellgrünen Abschnitte in feine Scheiben
   geschnitten
70 g entsteinte Kalamata-Oliven,
   in feine Scheiben geschnitten
5 EL grob gehackte glatte Petersilienblätter

1. In einer säurefesten Schüssel die Zutaten für das Dressing glatt rühren. Bis zum Servieren abgedeckt im Kühlschrank aufbewahren.

2. In einem großen Topf reichlich Wasser sprudelnd aufkochen und großzügig salzen. Die Nudeln darin nach Packungsanweisung bissfest garen. Abseihen, in einer großen Schüssel mit dem Öl vermengen und auf Raumtemperatur abkühlen lassen.

3. Den Grill für direkte mittlere Hitze (175–230 °C) vorbereiten

4. Die beiden Paprikaschoten über *direkter mittlerer Hitze* bei geschlossenem Deckel 10–12 Min. grillen, dabei gelegentlich wenden, bis sie rundherum verkohlt sind und die Haut der Schoten Blasen wirft. Vom Grill nehmen und in einer mit Frischhaltefolie abgedeckten Schüssel 10 Min. ausdampfen lassen. Anschließend die verkohlte Haut vorsichtig abziehen, Stiele, Kerne und Trennwände der Schoten entfernen und das Fruchtfleisch in mittelgroße Würfel schneiden.

5. Paprikawürfel, Sellerie, Frühlingszwiebeln, Oliven und Petersilie zu den Nudeln in die Schüssel geben, mit dem Dressing übergießen und gut vermischen. Sofort servieren oder bis zum Servieren abgedeckt in den Kühlschrank stellen.

FÜR 8 PERSONEN

TIPP!

Garen Sie Pasta stets in sehr großzügig gesalzenem Wasser – es sollte so salzig wie Meerwasser schmecken. Warum? Nur so können getrocknete Teigwaren während des Garens Salz aufnehmen, salzt man dagegen bereits gegarte Nudeln, würzt das Salz die Nudeln nur von außen.

NUDELSALAT VOM CHEFKOCH

ZUBEREITUNGSZEIT: 20 Min.

Für das Dressing

100 g Mayonnaise
3 EL Rotweinessig
1 ¼ TL grobes Meersalz
1 TL pikanter Senf
½ TL frisch gemahlener schwarzer Pfeffer
¼ TL Zucker

250 g kleine Maccheroni oder Hörchennudeln
¼ mittelgroße rote Zwiebel, fein gewürfelt
2 Stangen Bleichsellerie, fein gewürfelt
½ Bund glatte Petersilie, die Blätter fein gehackt

Für den Belag

60 g Kochschinken, in feine Streifen geschnitten
60 g gegarte Putenbrust,
    in feine Streifen geschnitten
1 kleiner Kopf Romanasalat, die Blätter in feine
    Streifen geschnitten
1 mittelgroße Fleischtomate, Stielansatz und
    Kerne entfernt, klein gewürfelt
60 g scharfer Cheddar, geraspelt
2 hart gekochte Eier, fein gehackt

1. Die Zutaten für das Dressing glatt rühren.

2. In einem großen Topf reichlich Wasser aufkochen und großzügig salzen. Die Nudeln darin nach Packungsanweisung bissfest garen. Nudeln abseihen, dann in einer großen flachen Schüssel mit Zwiebel, Sellerie und Petersilie mischen und mit dem Dressing anmachen. Die Oberfläche behutsam glatt streichen und darauf nacheinander die Zutaten für den Belag schichten. Erst kurz vor dem Essen die Salatzutaten behutsam vermengen.

FÜR 6 PERSONEN

SCHARFE GEFÜLLTE EIER

**ZUBEREITUNGSZEIT: 10 Min.,
plus 15 Min. zum Garen der Eier**

6 Eier (Größe L)
2 EL Mayonnaise

1 EL fein gehackte Dillspitzen
1 EL Vollmilch
1 TL Dijon-Senf
scharfe Chilisauce
¼ TL grobes Meersalz
¼ TL frisch gemahlener schwarzer Pfeffer
12 sehr kleine Dillstängel

1. Die Eier nebeneinander in einen großen Topf legen und mit Wasser bedecken (es sollte mind. 2 ½ cm hoch über den Eiern stehen). Das Wasser im geöffneten Topf auf hoher Stufe zum Kochen bringen, den Topf vom Herd nehmen, einen Deckel auflegen und die Eier 15 Min. im heißen Wasser gar ziehen lassen. Anschließend abgießen und unter fließendem kaltem Wasser abschrecken, bis sie nicht mehr heiß sind.

2. Die Eier schälen und jeweils der Länge nach halbieren. Die Eigelbe vorsichtig aus den Hälften lösen und in einer kleinen Schüssel mit Mayonnaise, Dillspitzen, Milch, Senf, ¼ TL Chilisauce (nach Geschmack auch mehr), Salz und Pfeffer glatt rühren. Die Eihälften mit der Masse füllen, mit je 1 Dillstängel garnieren und nach Belieben mit weiterer Chilisauce würzen.

FÜR 6 PERSONEN

Beilagen

ORZO-SALAT MIT GEGRILLTEM FENCHEL, TOMATEN UND GRÜNKOHL

ZUBEREITUNGSZEIT: 40 Min.
GRILLZEIT: etwa 10 Min.

1 Bund Basilikum, die Blätter abgezupft
3 EL Aceto balsamico bianco
grobes Meersalz
frisch gemahlener schwarzer Pfeffer
Olivenöl
1–2 Fenchelknollen (insgesamt etwa 500 g),
   geputzt, durch den Strunk geviertelt
   (den Strunk nicht entfernen)
250 g Orzo oder Kritharaki
   (griechische Nudeln in Reisform)
500 g rote oder gelbe Dattel- oder
   Cocktailtomaten, halbiert
150 g sehr zarte ganze Grünkohlblätter oder
   100 g Grünkohlblätter, grob gehackt
80 g Parmesan, geraspelt (auf der groben Reibe
   einer Vierkantreibe)

1. In die Küchenmaschine das metallene Flügel-messer einsetzen und die Basilikumblätter mit Aceto, ½ TL Salz und ¼ TL Pfeffer mit dem Inter-vallschalter zehnmal im Sekundentakt klein hacken. Anschließend bei laufendem Motor durch die Einfüllöffnung langsam 125 ml Olivenöl untermixen, bis eine Emulsion entstanden ist. Die Vinaigrette in eine sehr große Schüssel geben.

2. Den Grill für direkte mittlere Hitze (175–230 °C) vorbereiten

3. Die Fenchelviertel jeweils mit 1 EL Öl bepinseln, dann mit ¼ TL Salz und einer großzügigen Prise Pfeffer gleichmäßig würzen. Fenchelviertel über **_direkter mittlerer Hitze_** bei geschlossenem Deckel etwa 10 Min. grillen, dabei dreimal wenden, bis sie stellenweise schön gebräunt und knackig-zart sind. Vom Grill nehmen and beiseitestellen.

4. Die Nudeln nach Packungsanweisung garen. Abseihen und kurz mit kaltem Wasser abbrausen, damit sie etwas abkühlen. Gut abtropfen lassen. Die Nudeln mit der Vinaigrette in der sehr großen Schüssel mischen. Die Fenchelviertel quer in 2 cm große Stücke schneiden (dabei nach Belieben den Strunk entfernen) und zu den Nudeln geben. Tomatenhälften, Kohlblätter und Käseraspel hinzufügen und alles behutsam vermengen. Den Salat mit Salz und Pfeffer abschmecken. Sofort servieren oder nach Bedarf bis zu 6 Std. abgedeckt im Kühlschrank aufbewahren.

FÜR 8 PERSONEN

Den Strunk der Fenchelviertel vor dem Grillen nicht entfernen, denn er hält die Fenchelblätter auf dem Rost zusammen.

116

KRAUTSALAT MIT GRÜNEN ÄPFELN UND JOGHURTDRESSING

ZUBEREITUNGSZEIT: 20 Min.
RUHEZEIT: 20 Min.

Für das Dressing

125 g Naturjoghurt
3 EL Olivenöl
2 EL Apfelessig
1 EL frisch gepresster Limettensaft
1 TL gemahlener Kreuzkümmel
2 TL Zucker
1 ½ TL grobes Meersalz
½ TL frisch gemahlener schwarzer Pfeffer

Für den Salat

½ kleiner Weißkohl, die Blätter in feine Streifen
    geschnitten oder fein gehobelt
2 große knackige grüne Äpfel (z. B. Granny
    Smith), geviertelt, Kerngehäuse entfernt,
    in feine Scheiben geschnitten
½ rote Zwiebel, halbiert, in feine Ringe
    geschnitten
½ Bund Koriandergrün, die Blätter grob gehackt

1. In einer großen Schüssel die Zutaten für das
Dressing mit einem Schneebesen verrühren.
Die Zutaten für den Salat zum Dressing in die
Schüssel geben und alles gut vermengen.

2. Den Krautsalat bei Raumtemperatur 20 Min.
durchziehen lassen, dabei gelegentlich durchmischen, und servieren.

FÜR 6–8 PERSONEN

ROTKOHLSALAT MIT DILL-VINAIGRETTE

ZUBEREITUNGSZEIT: 20 Min.
KÜHLZEIT: 2–12 Std.

Für die Vinaigrette

5 EL Apfelessig
5 EL Rapsöl
5 EL Zucker
4 EL fein gehackte Dillspitzen
1 EL grobes Meersalz
½ TL frisch gemahlener schwarzer Pfeffer

Für den Salat

½ mittelgroßer Rotkohl, in feine Streifen
    geschnitten oder fein gehobelt
1 Salatgurke (etwa 400 g), in feine Scheiben
    geschnitten oder gehobelt
6 mittelgroße Möhren, geraspelt
4 Stangen Bleichsellerie,
    in feine Scheiben geschnitten

In einer großen Schüssel die Zutaten für die
Vinaigrette mit dem Schneebesen verrühren,
bis sich Zucker und Salz aufgelöst haben. Die
Zutaten für den Krautsalat in die Schüssel geben
und alles gut vermischen. Den Salat abgedeckt
im Kühlschrank mind. 2 Std. oder bis zu 12 Std.
durchziehen lassen. Vor dem Servieren in einem
Sieb abtropfen lassen, in eine Servierschüssel
geben und servieren.

FÜR 8–10 PERSONEN

CREMIGER KRAUTSALAT AUF ALTMODISCHE ART

ZUBEREITUNGSZEIT: 15 Min.
KÜHLZEIT: 1–24 Std.

Für das Dressing

200 g Mayonnaise
125 g Schmand
1 EL frisch gepresster Zitronensaft
1 EL Apfelessig
1 TL Selleriesamen
grobes Meersalz
frisch gemahlener schwarzer Pfeffer

1 Weißkohl (etwa 1 kg), geputzt, geviertelt,
   Strunk entfernt, in feine Streifen geschnitten
   oder fein gehobelt
3 mittelgroße Möhren, geraspelt

1. In einer großen Schüssel die Zutaten für das Dressing mit dem Schneebesen verrühren und mit Salz und Pfeffer abschmecken.

2. Kohl und Möhren zum Dressing geben und alles gut vermischen. Den Salat abgedeckt mind. 1 Std. oder bis zu 24 Std. im Kühlschrank durchziehen lassen. Kalt oder raumtemperiert servieren.

FÜR 8 PERSONEN

APFEL-RETTICH-SALAT MIT WALNÜSSEN UND CRANBERRYS

ZUBEREITUNGSZEIT: 20 Min.
ZUBEHÖR: Gemüsehobel (Mandoline; nach Belieben)

Für das Dressing

2 EL Walnussöl aus gerösteten Nüssen
2 EL Sherryessig
1 TL grobes Meersalz
½ TL frisch gemahlener schwarzer Pfeffer

2 mittelgroße säuerliche grüne Äpfel
   (z. B. Granny Smith), geviertelt, entkernt
1 japanischer Rettich (Daikon; etwa 500 g),
   geschält
60 g Walnusskerne, geröstet, gehackt
60 g getrocknete Cranberrys
2 EL Schnittlauchröllchen oder fein gehackte
   glatte Petersilienblätter

1. In einer großen Schüssel die Zutaten für das Dressing mit einem Schneebesen verrühren.

2. Äpfel und Rettich in 3 mm feine Scheiben schneiden (möglichst mit einer Mandoline), die Scheiben in streichholzdünne Stifte schneiden.

3. Apfel- und Rettichstifte mit Nüssen, Cranberrys und Kräutern in die Schüssel zum Dressing geben und alles gut vermischen. Sofort servieren oder bis zu 2 Std. abgedeckt in den Kühlschrank stellen.

FÜR 6–8 PERSONEN

ROSENKOHL MIT WEISSER BALSAMICO-VINAIGRETTE

ZUBEREITUNGSZEIT: 10 Min.
GRILLZEIT: 8–10 Min.
ZUBEHÖR: gelochter Gemüsekorb für den Grill

600 g Rosenkohl, geputzt, der Länge nach in ½ cm dicke Scheiben geschnitten
5 EL Olivenöl
1 TL grobes Meersalz
3 EL Aceto balsamico bianco
2 TL Dijon-Senf
½ TL getrockneter Dill
½ TL Zucker
½ TL frisch gemahlener schwarzer Pfeffer

1. Den Grill für direkte und indirekte starke Hitze (230–290 °C) vorbereiten und den Gemüsekorb über direkter Hitze vorheizen.

2. In einer großen Schüssel den Rosenkohl mit 2 EL Öl und ½ TL Salz behutsam mischen. Im Gemüsekorb verteilen und über *direkter starker Hitze* bei geschlossenem Deckel in 8–10 Min. knackig-zart grillen, dabei alle 2–3 Min. wenden (sollte der Rosenkohl zu schnell bräunen, bevor er zart wird, den Gemüsekorb in die indirekte Zone ziehen und den Rosenkohl über indirekter Hitze fertig grillen).

3. Inzwischen in der großen Schüssel die übrigen 3 EL Öl mit ½ TL Salz, Aceto, Senf, Dill, Zucker und Pfeffer zu einer Vinaigrette aufschlagen.

4. Den gegrillten Rosenkohl in die Schüssel geben und gleichmäßig mit der Vinaigrette vermischen. Den Kohl warm oder raumtemperiert servieren.

FÜR 4–6 PERSONEN

TOMATEN-AVOCADO-SALAT MIT ZITRONIGER KAPERN-VINAIGRETTE

ZUBEREITUNGSZEIT: 15 Min.

Für die Vinaigrette

2 EL frisch gepresster Zitronensaft
1 EL Kapern, abgetropft, fein gehackt
1 EL fein gewürfelte Schalotten
1 TL Dijon-Senf
½ TL grobes Meersalz
¼ TL frisch gemahlener schwarzer Pfeffer
4 EL Olivenöl

400 g gelbe Datteltomaten, längs halbiert
1 kleine rote Zwiebel, in feine Ringe geschnitten
500 g gemischte Tomaten, Stielansatz und Kerne entfernt, jeweils in 6–8 Spalten geschnitten
1–2 Avocados, das Fruchtfleisch in Scheiben geschnitten

1. Die Zutaten für die Vinaigrette bis auf das Öl mit einem Schneebesen verrühren. Das Öl in einem dünnen, gleichmäßigen Strahl unterschlagen, bis eine Emulsion entsteht.

2. In einer Schüssel die Datteltomaten mit den Zwiebelringen und 1 EL von der Vinaigrette gründlich mischen.

3. Datteltomaten und Zwiebelringe in der Mitte eines großen Serviertellers anrichten. Rundherum die Tomatenspalten und Avocadoscheiben legen und mit der übrigen Vinaigrette beträufeln. Den Salat sofort servieren oder abgedeckt bei Raumtemperatur 1 Std. beiseitestellen.

FÜR 4–6 PERSONEN

BUNTER SALAT AUF GRIECHISCHE ART

ZUBEREITUNGSZEIT: 20 Min.

Für das Dressing

2 EL frisch gepresster Zitronensaft
1 EL Rotweinessig
½ TL grobes Meersalz
½ TL frisch gemahlener schwarzer Pfeffer
1 kleine Knoblauchzehe, zerdrückt oder
   durchgepresst
4 EL Olivenöl

Für den Salat

250 g Romanasalatherzen,
   die Blätter grob zerpflückt
1 kleine Salatgurke, in 1 cm große Würfel
   geschnitten
400 g Dattel- oder Cocktailtomaten, längs
   halbiert (größere Tomaten geviertelt)
1 große rote Paprikaschote, in 1 cm große
   Stücke geschnitten
250 g Kichererbsen (Dose), abgebraust,
   abgetropft
120 g Schafskäse, zerbröckelt
1 mittelgroße rote Zwiebel, fein gewürfelt
70 g entsteinte Kalamata-Oliven, geviertelt
5 EL Minzeblätter, grob gehackt
5 EL glatte Petersilienblätter, grob gehackt

1. Die Zutaten für das Dressing bis auf das Öl mit einem Schneebesen verrühren. Das Öl in einem dünnen, gleichmäßigen Strahl unterschlagen, bis eine Emulsion entsteht.

2. Die Zutaten für den Salat in einer großen Servierschüssel mischen und mit dem Dressing anmachen. Den Salat sofort servieren.

FÜR 6–8 PERSONEN

MÖHRENSALAT MIT JOGHURTDRESSING

ZUBEREITUNGSZEIT: 20 Min.
EINWEICHZEIT: etwa 30 Min.
ZUBEHÖR: Gemüsehobel (Mandoline) mit Julienne-Einsatz (nach Belieben)

2 EL Korinthen
2 EL Sherryessig
4 EL griechischer Naturjoghurt
4 EL Olivenöl oder Öl
grobes Meersalz
frisch gemahlener schwarzer Pfeffer
500 g Möhren, geschält, in streichholzfeine
   Stifte geschnitten oder gehobelt
2 Frühlingszwiebeln, nur die weißen und
   hellgrünen Abschnitte schräg in feine
   Scheiben geschnitten
2 EL Sesamsamen, geröstet

1. Die Korinthen 30 Min. im Essig einweichen.

2. Korinthen in einem feinen Sieb über einer großen Schüssel abgießen, dabei den Essig in der Schüssel auffangen. Die Korinthen beiseitestellen. Joghurt, Öl, ½ TL Salz und ¼ TL Pfeffer zum Essig in die Schüssel geben und mit einem Schneebesen glatt rühren. Möhren, Frühlingszwiebeln und Korinthen dazugeben und mit dem Dressing vermischen. Mit Salz und Pfeffer abschmecken. Den Salat mit den gerösteten Sesamsamen bestreuen und sofort servieren.

FÜR 4–6 PERSONEN

Beilagen

REISSALAT MIT KRÄUTERN, PINIENKERNEN UND SAUERKIRSCH-VINAIGRETTE

ZUBEREITUNGSZEIT: 40 Min.,
plus etwa 45 Min. für den Reis

Für den Reis
2 EL Sojasauce
400 g Vollkornreis

Für die Vinaigrette
160 g getrocknete Sauerkirschen
4 EL Rotweinessig
75 ml Olivenöl
3 EL fein gewürfelte Schalotten
1 ½ TL grobes Meersalz
½ TL frisch gemahlener schwarzer Pfeffer

70 g Pinienkerne
2 Stangen Bleichsellerie, fein gewürfelt
2 Bund Basilikum (insgesamt etwa 80 g),
   die Blätter grob gehackt
2 Bund Minze (insgesamt etwa 90 g),
   die Blätter grob gehackt
1 Bund glatte Petersilienblätter (etwa 60 g),
   die Blätter grob gehackt

1. In einem großen Topf mit dicht schließendem Deckel 1 l Wasser mit der Sojasauce aufkochen. Den Reis einstreuen, gut umrühren, den Deckel auflegen und den Reis etwa 45 Min. köcheln lassen, bis die Körner weich sind und das Wasser fast vollständig absorbiert haben. Inzwischen die Vinaigrette zubereiten.

2. In einer hitzefesten Schüssel die Sauerkirschen mit 250 ml heißem Wasser übergießen und etwa 20 Min. darin einweichen, bis sie schön prall sind. Kirschen abgießen, dabei das Einweichwasser auffangen (es sollten knapp 200 ml sein). Das Einweichwasser in einer Pfanne auf hoher Stufe in etwa 8 Min. (abhängig von der Pfannengröße) auf rund 80 ml einkochen lassen. In einer Schüssel mit Essig, Öl, Schalotten, Salz und Pfeffer verrühren.

3. Eine trockene Pfanne auf mittlerer Stufe heiß werden lassen. Die Pinienkerne darin in etwa 3 Min. goldbraun rösten. Die Pfanne während des Röstens gelegentlich rütteln und aufpassen, dass die Pinienkerne nicht verbrennen.

4. In einer Servierschüssel den heißen Reis mit der Vinaigrette, den Sauerkirschen, dem Sellerie und den Kräutern mischen und den Salat auf Raumtemperatur abkühlen lassen. Sofort servieren oder bis zu 2 Tage abgedeckt im Kühlschrank aufbewahren. Die Pinienkerne erst kurz vor dem Servieren über den Salat streuen.

FÜR 8–12 PERSONEN

LINSEN-QUINOA MIT SCHAFSKÄSE UND TOMATEN

ZUBEREITUNGSZEIT: 20 Min., plus etwa 35 Min. für Linsen und Quinoa

grobes Meersalz
170 g Quinoa-Körner, in einem feinen Sieb
    abgebraust, abgetropft
200 g grüne Linsen (vorzugsweise Puy-Linsen),
    verlesen, abgebraust, abgetropft
75 ml Weißweinessig
6 EL in feine Streifen geschnittene
    Basilikumblätter
frisch gemahlener schwarzer Pfeffer
75 ml Olivenöl
120 g Schafskäse, zerbröckelt
150 g Tomaten, in Würfel geschnitten,
    oder Cocktailtomaten, längs halbiert

1. In einen kleinen Topf 500 ml Wasser gießen, mit ½ TL Salz würzen und aufkochen. Quinoa-Körner einstreuen, gut umrühren, den Topf halb verschließen und den Quinoa 13–15 Min. köcheln lassen, bis die Körner weich sind und das Wasser fast vollständig absorbiert haben. Dabei immer mal wieder den Schaum von der Oberfläche abschöpfen. Damit der Garprozess gestoppt wird, die Quinoa-Körner anschließend sofort auf einem Backblech verteilen und das Blech auf einem großen Gitter zum Abkühlen beiseitestellen.

2. Inzwischen in einem mittelgroßen Topf 1 ½ l Wasser aufkochen. Die Linsen hineingeben, das Wasser erneut aufkochen, dann die Hitze reduzieren, sodass es nur noch gleichmäßig köchelt, und die Linsen im verschlossenen Topf in etwa 20 Min. weich garen (Puy-Linsen brauchen etwa 22 Min.). Ab und zu den Schaum von der Oberfläche abschöpfen. Die gegarten Linsen abseihen und gut abtropfen lassen.

3. Inzwischen in einer kleinen Schüssel den Essig mit 4 EL Basilikum, ½ TL Salz und ¼ TL Pfeffer verrühren. In dünnem Strahl langsam das Öl unterschlagen, bis eine Emulsion entsteht. Nach Belieben mit Salz und Pfeffer abschmecken. Das Dressing sollte schön säuerlich schmecken.

4. Die warmen Linsen in einer großen Schüssel mit etwa der Hälfte des Dressings anmachen. Dann die abgekühlten Quinoa-Körner behutsam unterheben und dabei das übrige Dressing untermischen. Den Salat mit Salz und Pfeffer abschmecken, dann in eine flache Servierschüssel geben, den Schafskäse und die Tomaten darauf verteilen und mit den übrigen 2 EL Basilikum bestreuen. Sofort oder kalt servieren. Der Salat lässt sich abgedeckt bis zu 3 Tage im Kühlschrank aufbewahren.

FÜR 6–8 PERSONEN

WARMER BROKKOLISALAT MIT SPECK UND ROSINEN

ZUBEREITUNGSZEIT: 15 Min.
GRILLZEIT: 12–15 Min.
ZUBEHÖR: gusseiserne Pfanne

Für das Dressing

4 EL Joghurt (Vollmilch)
4 EL Mayonnaise
1 ½ TL Rotweinessig
½ TL Zucker
½ TL grobes Meersalz
¼ TL frisch gemahlener schwarzer Pfeffer
1 kräftige Prise gemahlener Cayennepfeffer

50 g Walnusskerne, in Stücke gehackt
180 g Frühstücksspeck in Scheiben
500 g Brokkoli, in mundgerechte
    Röschen zerteilt
1 mittelgroße rote Zwiebel, fein gewürfelt
70 g Rosinen

1. Die Zutaten für das Dressing glatt rühren.

2. Den Grill für direkte mittlere Hitze (175–230 °C) vorbereiten und die gusseiserne Pfanne über direkter Hitze vorheizen.

3. Die Walnüsse über *direkter mittlerer Hitze* bei geschlossenem Deckel in etwa 2–3 Min. rösten, bis sie aromatisch duften und goldbraun sind, dabei häufig umrühren. Aus der Pfanne nehmen und in einer Schüssel beiseitestellen.

4. Die Speckscheiben nebeneinander in die Pfanne legen und über *direkter mittlerer Hitze* bei geschlossenem Deckel 10–12 Min. braten, bis das Fett ausgelassen ist und die Scheiben knusprig sind, dabei gelegentlich wenden. Den Speck auf Küchenpapier entfetten. Brokkoliröschen mit den Zwiebelwürfeln in die Pfanne geben und im heißen Speckfett über *direkter mittlerer Hitze* bei geschlossenem Deckel in etwa 2 Min. knackig-zart dünsten, dabei einmal wenden. Den Pfanneninhalt in eine große hitzefeste Schüssel geben.

5. Den Speck grob zerbröckeln. Mit den Walnüssen, Rosinen und dem Dressing unter den Brokkoli mischen und den Salat wahlweise warm, raumtemperiert oder kalt servieren.

FÜR 4 PERSONEN

Die Brokkoliröschen in mundgerechte Stücke schneiden, dann sind sie innerhalb weniger Minuten knackig-zart.

MAISSALAT MIT BOHNEN

ZUBEREITUNGSZEIT: 30 Min.
GRILLZEIT: 10–15 Min.

Für das Dressing

3 EL frisch gepresster Limettensaft
1 TL fein abgeriebene Schale von 1 Bio-Zitrone
2 EL frisch gepresster Orangensaft
1¼ TL grobes Meersalz
¼ TL frisch gemahlener schwarzer Pfeffer

Olivenöl

4 Maiskolben, Hüllblätter entfernt
1 Dose schwarze Bohnen (400 g), abgebraust, abgetropft
1 rote Paprikaschote, ½ cm groß gewürfelt
1 Salatgurke, ½ cm groß gewürfelt
1 mittelgroße rote Zwiebel, fein gewürfelt
20 g Basilikumblätter (von etwa ½ Bund), in feine Streifen geschnitten
4 Frühlingszwiebeln, nur die weißen und hellgrünen Abschnitte fein gehackt
100 g Schafskäse, zerbröckelt

1. Den Grill für direkte mittlere Hitze (175–230 °C) vorbereiten

2. Die Zutaten für das Dressing mit 2 EL Öl verrühren. Die Maiskolben rundherum dünn mit Öl bepinseln und über *direkter mittlerer Hitze* bei geschlossenem Deckel 10–15 Min. grillen, bis die Körner knackig-zart und stellenweise gebräunt sind, dabei gelegentlich wenden. Die Körner von den Kolben schneiden und in einer Servierschüssel mit den übrigen Salatzutaten mischen. Das Dressing noch einmal aufschlagen und den Salat damit anmachen. Sofort servieren.

FÜR 6–8 PERSONEN

SUCCOTASH – MAIS MIT PILZEN UND CHILI

ZUBEREITUNGSZEIT: 15 Min.
GRILLZEIT: 10–15 Min.

1 Maiskolben, Hüllblätter entfernt
2 EL Olivenöl
1 mittelgroße Jalapeño-Chilischote, entkernt, fein gehackt
1 Knoblauchzehe, fein gehackt
120 g Champignons, gesäubert, Stiel entfernt, in feine Scheiben geschnitten
½ mittelgroße rote Paprikaschote, in kleine Würfel geschnitten
60 g Schafskäse, zerbröckelt
½ TL grobes Meersalz
¼ TL frisch gemahlener schwarzer Pfeffer

1. Den Grill für direkte mittlere Hitze (175–230 °C) vorbereiten.

2. Den Maiskolben über *direkter mittlerer Hitze* bei geschlossenem Deckel 10–15 Min. grillen, bis die Körner knackig-zart und stellenweise gebräunt sind, dabei gelegentlich wenden. Vom Grill nehmen, etwas abkühlen lassen, dann die Körner vom Kolben schneiden.

3. In einer mittelgroßen Pfanne das Öl auf mittlerer bis hoher Stufe erhitzen. Chilischote und Knoblauch darin unter häufigem Rühren 1 Min. andünsten, dann die Pilze mit den Paprikawürfeln dazugeben und 1–2 Min. anbräunen. Die Pilzmischung in eine Servierschüssel geben. Mais, Schafskäse, Salz und Pfeffer untermischen. Warm oder raumtemperiert servieren.

FÜR 4 PERSONEN

SAUERKRAUT IN APFELSAFT GESCHMORT

ZUBEREITUNGSZEIT: 10 Min., plus etwa 30 Min. zum Schmoren

2 EL Butter
1 mittelgroße Zwiebel, halbiert,
    in feine Scheiben geschnitten
2 Knoblauchzehen, zerdrückt oder
    durchgepresst
1 TL Kümmel
1 TL Fenchelsamen
1 Lorbeerblatt
½ TL grobes Meersalz
¼ TL frisch gemahlener schwarzer Pfeffer
1 kg Sauerkraut, abgetropft,
    überschüssige Flüssigkeit ausgedrückt
500 ml frisch gepresster Apfelsaft oder normaler
    Apfelsaft (vorzugsweise naturtrüb)

1. Die Butter in einem mittelgroßen Topf mit schwerem Boden auf mittlerer Stufe erhitzen. Zwiebel mit Knoblauch, Kümmel, Fenchelsamen, Lorbeerblatt, Salz und Pfeffer etwa 5 Min. darin andünsten. Das Sauerkraut dazugeben, den Apfelsaft angießen und alles zum Kochen bringen. Die Hitze reduzieren und das Sauerkraut etwa 20 Min. köcheln lassen, bis keine Flüssigkeit mehr im Topf ist. Das Lorbeerblatt entfernen.

2. Sauerkraut auf Raumtemperatur abkühlen lassen und servieren. Oder abgedeckt bis zu 2 Tage im Kühlschrank aufbewahren. Vor dem Servieren wieder Raumtemperatur annehmen lassen.

FÜR 8 PERSONEN

GUACAMOLE VON GEGRILLTEN AVOCADOS

ZUBEREITUNGSZEIT: 15 Min.
GRILLZEIT: 6–8 Min.
KÜHLZEIT: 30–60 Min.

3 große Avocados, halbiert, entkernt, geschält
2 mittelgroße Jalapeño-Chilischoten
Olivenöl
5 EL ganz fein gewürfelte weiße Zwiebeln,
    in einem feinen Sieb abgespült, abgetropft
1 Eiertomate, Stielansatz und Kerne entfernt,
    fein gewürfelt
4 EL fein gehackte Korianderblätter
1 TL grobes Meersalz
2 EL frisch gepresster Limettensaft
    (oder nach Geschmack)
Tortillachips

1. Den Grill für direkte mittlere Hitze (175–230 °C) vorbereiten

2. Avocadohälften und Chilischoten auf allen Seiten dünn mit Öl bepinseln und auf dem Rost über *direkter mittlerer Hitze* bei geschlossenem Deckel 6–8 Min. grillen, bis die Avocados ein deutliches Grillmuster angenommen haben und die Haut der Chilis Blasen wirft, dabei einmal wenden.

3. Avocados in einer Schüssel mit einer Gabel grob zerdrücken. Von den Chilis die Haut abziehen, Stiele und Kerne entfernen und das Fruchtfleisch fein würfeln. Chilis mit Zwiebeln, Tomaten, Koriander, Salz und Limettensaft zu den Avocados geben und alles vermengen. Auf die Oberfläche der Guacamole Frischhaltefolie legen, damit sie sich nicht braun verfärbt, und die Guacamole 30–60 Min. in den Kühlschrank stellen. Mit Tortillachips servieren.

FÜR 6–8 PERSONEN

SKANDINAVISCHER KARTOFFELSALAT

ZUBEREITUNGSZEIT: 30 Min.
KÜHLZEIT: 1–4 Std.

1 ½ kg kleine neue Kartoffeln (Ø 2½–3 cm),
  gewaschen, gebürstet
1 EL plus 2 TL grobes Meersalz
4 EL Olivenöl
3 EL Weißweinessig
1 Knoblauchzehe, zerdrückt oder durchgepresst
2 TL Zucker
2 TL Senfpulver
1 TL frisch gemahlener schwarzer Pfeffer
3 Frühlingszwiebeln, nur die weißen und
  hellgrünen Abschnitte in feine Scheiben
  geschnitten
4 EL fein gehackte glatte Petersilienblätter
4 EL fein gehackte Dillspitzen
4 EL Schnittlauchröllchen

1. Die Kartoffeln in einem großen Topf mit reichlich Wasser bedecken (es sollte 5 cm über den Kartoffeln stehen), 1 EL Salz hineingeben und das Wasser auf hoher Stufe zum Kochen bringen. Die Hitze auf mittlere Stufe reduzieren und die Kartoffeln 15–18 Min. sanft köcheln lassen, bis sie weich, aber nicht zerkocht sind. Abgießen und in eine große hitzefeste Schüssel geben.

2. Das Öl mit Essig, Knoblauch, Zucker, Senfpulver, Pfeffer und 2 TL Salz mit einem Schneebesen verrühren und das Dressing über die warmen Kartoffeln gießen. Frühlingszwiebeln zufügen und alles gut vermengen. Die Schüssel abdecken und den Salat 1–4 Std. kalt stellen, dabei gelegentlich durchmischen. Erst kurz vor dem Servieren die Kräuter untermischen.

FÜR 8–10 PERSONEN

GEGRILLTER KARTOFFELSALAT MIT EIERN UND SENFMAYONNAISE

ZUBEREITUNGSZEIT: 30 Min.
GRILLZEIT: 15–20 Min.
KÜHLZEIT: mind. 2 Std.
ZUBEHÖR: gelochte Grillpfanne

1 kg kleine festkochende Kartoffeln (Ø 3 cm),
  gewaschen, gebürstet, halbiert
1 EL Olivenöl
2 TL grobes Meersalz
2 TL Rotweinessig
5 EL Mayonnaise
1 ½ EL Dijon-Senf
1 TL frisch gemahlener schwarzer Pfeffer
2 hart gekochte Eier (Größe L), gehackt
2 Stangen Bleichsellerie, fein gewürfelt
2 mittelgroße rote Zwiebeln, fein gewürfelt
½ Bund Petersilie, die Blätter fein gehackt

1. Den Grill für direkte mittlere Hitze (175–230 °C) vorbereiten und die gelochte Grillpfanne vorheizen.

2. In einer hitzefesten Schüssel die Kartoffeln mit Öl und 1 TL Salz mischen. Kartoffeln in einer Lage in der Grillpfanne verteilen und über *direkter mittlerer Hitze* bei geschlossenem Deckel 15–20 Min. grillen, bis sie weich sind, dabei gelegentlich wenden. Die Pfanne vom Grill nehmen, die Kartoffeln zurück in die Schüssel geben und den Essig untermischen. Kartoffeln abkühlen lassen.

3. Mayonnaise mit Senf, Pfeffer und 1 TL Salz verrühren. Kartoffeln mit dem Mayonnaisedressing, Eiern, Sellerie, Zwiebeln und Petersilie vermengen und den Salat anschließend mind. 2 Std. in den Kühlschrank stellen. Kalt servieren.

FÜR 6 PERSONEN

Beilagen

CHILISCHARFE POMMES

ZUBEREITUNGSZEIT: 25 Min.
EINWEICHZEIT: 30 Min.
KÜHLZEIT: 15 Min.
FRITTIERZEIT: 5–6 Min. pro Durchgang
ZUBEHÖR: Fettthermometer, 3 Backbleche

Für die Gewürzmischung

1 ½ TL grobes Meersalz
1 TL Ancho-Chilipulver
½ TL Chilipulver
¼ TL Chipotle-Chilipulver
¼ TL gemahlener Kreuzkümmel

4 große mehligkochende Kartoffeln
   (insgesamt gut 1 kg)
Rapsöl oder ein anderes hitzestabiles Öl

1. In einer kleinen Schüssel die Gewürze mischen.

2. Die Kartoffeln waschen und gründlich abbürsten, anschließend zuerst der Länge nach in ½–1 cm dicke Scheiben schneiden, die Scheiben dann längs in ½–1 cm breite Stäbchen schneiden. Die Kartoffelstäbchen in einer großen Schüssel in reichlich Wasser 30 Min. einweichen.

3. Kartoffelstäbchen abgießen, mit Küchenpapier trockentupfen und auf mehreren Lagen Küchenpapier auslegen.

4. Eines der Backbleche mit mehreren Lagen Küchenpapier bedecken. In einen großen hohen Topf gut 7 cm hoch Öl gießen und das Fettthermometer einhängen. Das Öl auf mittlerer Stufe erhitzen, bis das Thermometer 160 °C anzeigt. Die Kartoffelstäbchen in kleinen Portionen (sonst sinkt die Öltemperatur zu stark) im heißen Öl etwa 4 Min. frittieren, bis sie gar und leicht gebräunt sind, dabei die Öltemperatur zwischen 150 und 160 °C halten und die Stäbchen gelegentlich im heißen Öl bewegen. Kartoffelstäbchen mit einem Schaumlöffel aus dem Öl heben und auf das vorbereitete Backblech geben. Die übrigen Stäbchen in kleinen Portionen genauso frittieren, dabei zwischen den einzelnen Durchgängen das Öl immer wieder auf eine Temperatur von 160 °C bringen. Die Kartoffeln nach dem Frittieren 15 Min. abkühlen lassen.

5. Den Backofen auf 90 °C vorheizen.

6. Ein zweites Backblech ebenfalls mit mehreren Lagen Küchenpapier bedecken. Die Herdtemperatur auf mittlere bis hohe Stufe stellen und das Öl auf 180 °C erhitzen. Die Kartoffelstäbchen in drei gleich große Portionen teilen und jede Portion 1–2 Min. frittieren, bis die Stäbchen knusprig und goldbraun sind. Auf dem vorbereiteten Backblech mit Küchenpapier entfetten, auf das dritte Blech geben und im Backofen warm halten. Die beiden übrigen Portionen genauso frittieren, dabei das Öl jeweils wieder auf 180 °C erhitzen. Fertige Pommes auf das Blech im Ofen geben.

7. Die Pommes mit der Gewürzmischung würzen und sofort servieren.

FÜR 4–6 PERSONEN

GEGRILLTE KARTOFFEL-SCHEIBEN MIT ROSMARIN-ZITRONEN-AÏOLI

ZUBEREITUNGSZEIT: 15 Min.
GRILLZEIT: 15–17 Min.

Für die Aïoli

200 g Mayonnaise
½ TL fein abgeriebene Schale von 1 Bio-Zitrone
1 ½ EL frisch gepresster Zitronensaft
2 TL sehr fein gehackter Knoblauch
2 TL Dijon-Senf
2 TL sehr fein gehackter Rosmarin

grobes Meersalz
frisch gemahlener schwarzer Pfeffer
4 große mehligkochende Kartoffeln
   (insgesamt etwa 1 ½ kg)
2 EL Olivenöl

1. Den Grill für direkte mittlere Hitze (175–230 °C) vorbereiten

2. Die Zutaten für die Aïoli mit ¼ TL Salz und ¼ TL Pfeffer verrühren.

3. Kartoffeln waschen, abbürsten und mit Küchenpapier trockentupfen. Kartoffeln der Länge nach halbieren, die Hälften längs in 1 ¼ cm dicke Scheiben schneiden. In einer Schüssel mit dem Öl, 2 TL Salz und 1 TL Pfeffer gleichmäßig vermischen.

4. Kartoffelscheiben über *direkter mittlerer Hitze* bei geschlossenem Deckel 15–17 Min. grillen, bis sie weich sind und ein deutliches Grillmuster angenommen haben, dabei ab und zu wenden. Vom Grill nehmen und warm mit der Aïoli servieren.

FÜR 4–6 PERSONEN

WÜRZIGE SÜSSKARTOFFELN MIT PIKANTER JOGHURT-SAUCE

ZUBEREITUNGSZEIT: 15 Min.
GRILLZEIT: 10–15 Min.
ZUBEHÖR: gelochte Grillpfanne

Für die Sauce

125 g griechischer Joghurt (10 % Fett)
2 TL frisch gepresster Limettensaft
½ TL rote Currypaste
¼ TL grobes Meersalz
1 Knoblauchzehe, zerdrückt oder durchgepresst

2 TL Currypulver
1 TL grobes Meersalz
½ TL frisch gemahlener schwarzer Pfeffer
2 EL Olivenöl
2 große Süßkartoffeln (insgesamt etwa 1 kg),
   geschält, Enden entfernt

1. Den Grill für direkte mittlere Hitze (175–230 °C) vorbereiten und die Grillpfanne vorheizen.

2. Die Zutaten für die Sauce glatt rühren und beiseitestellen. In einer großen Schüssel Currypulver, Salz und Pfeffer mischen und mit dem Öl verrühren. Die Süßkartoffeln in 10 x 1 x 1 cm große Stäbchen schneiden (ungleichmäßige Kartoffelstücke anderweitig verwenden, da sie auf dem Grill leicht verbrennen). Die Kartoffelstäbchen in der großen Schüssel mit dem Würzöl überziehen, dann in einer Lage in der Grillpfanne verteilen und über *direkter mittlerer Hitze* bei geschlossenem Deckel in 10–15 Min. weich grillen. Die Stäbchen dabei minutenweise wenden, damit sie von allen Seiten bräunen. Warm mit der Joghurtsauce servieren.

FÜR 4 PERSONEN

FRITTIERTE GURKENSCHEIBEN MIT REMOULADE

ZUBEREITUNGSZEIT: 20 Min.
FRITTIERZEIT: etwa 1 Min. pro Durchgang
ZUBEHÖR: Fettthermometer, 3 Backbleche

Für die Remoulade

200 g Mayonnaise
2 EL körniger Dijon-Senf
2 EL Ketchup
1 EL Tafelmeerrettich
2 TL Kapern, abgetropft, klein gehackt
½ TL scharfe Chilisauce

100 g Mehl
1 EL Paprikapulver
1 TL Knoblauchpulver
½ TL grobes Meersalz
½ TL frisch gemahlener schwarzer Pfeffer
1 Ei (Größe L), verquirlt
160 ml Buttermilch
1 TL scharfe Chilisauce
120 g Panko (japanisches Paniermehl)
450 g Dillgurken in Scheiben
    (Dänischer Dillgurkensalat aus dem Glas),
    abgetropft, trockengetupft
Rapsöl oder ein anderes hitzestabiles Öl

1. Die Zutaten für die Remoulade glatt rühren und bis zum Servieren abgedeckt kalt stellen.

2. In einer flachen Schüssel das Mehl mit Paprikapulver, Knoblauchpulver, Salz und Pfeffer mischen. In einer tiefen Schüssel das verquirlte Ei mit Buttermilch und Chilisauce gründlich verrühren. Das Paniermehl in eine dritte Schüssel geben. Nacheinander jeweils einige Gurkenscheiben im Mehl wenden, überschüssiges Mehl abschütteln, die mehlierten Scheiben anschließend durch die Eimischung ziehen, überschüssiges Ei abtropfen lassen, und zuletzt im Paniermehl wenden. Die panierten Gurkenscheiben nebeneinander auf ein Backblech legen.

3. Den Backofen auf 90 ºC vorheizen. Das zweite Backblech mit mehreren Lagen Küchenpapier auslegen. Das dritte Backblech bereitstellen.

4. In einen großen hohen Topf 5 cm hoch Öl gießen und das Fettthermometer einhängen. Das Öl auf mittlerer bis hoher Stufe erhitzen, bis das Thermometer 180 ºC anzeigt. Ein Viertel der panierten Gurkenscheiben ins heiße Öl geben und 1 Min. frittieren, bis sie goldgelb und knusprig sind, dabei nach Bedarf einmal wenden. Frittierte Scheiben mit einem Schaumlöffel herausheben, auf dem mit Küchenpapier bedeckten Backblech entfetten, auf das dritte Blech geben und im Ofen warm halten. Die restlichen Gurkenscheiben genauso frittieren und bis zum Servieren im Backofen warm stellen.

5. Die frittierten Gurkenscheiben warm mit der kalten Remoulade servieren.

FÜR 6–8 PERSONEN

SPARGEL MIT PONZU-MAYONNAISE

ZUBEREITUNGSZEIT: 12 Min.
GRILLZEIT: 6–8 Min.

4 EL Mayonnaise
1 ½ TL japanische Ponzu-Sauce (Asialaden)
1 EL Öl
2 TL Sojasauce
1 Knoblauchzehe, zerdrückt oder durchgepresst
500 g grüne oder weiße Spargelstangen, geputzt
1 Bio-Limette, heiß abgebraust, trockengetupft

1. In einer kleinen Servierschüssel die Mayonnaise mit der Ponzu-Sauce verrühren und beiseitestellen (oder die Mayonnaise einige Stunden im Voraus zubereiten und in einem dicht schließenden Gefäß im Kühlschrank aufbewahren).

2. Den Grill für direkte mittlere Hitze (175–230 °C) vorbereiten

3. In einem Backblech mit Rand, in dem die Spargelstangen nebeneinander Platz haben, das Öl mit Sojasauce und Knoblauch verrühren. Die Spargelstangen im Würzöl rollen, bis sie von allen Seiten damit überzogen sind.

4. Die Stangen auf dem Rost über *direkter mittlerer Hitze* bei geschlossenem Deckel 6–8 Min. grillen, bis sie weich und stellenweise kräftig gebräunt sind, dabei ab und zu wenden.

5. Gegrillte Spargelstangen auf einem Servierteller anrichten und mit einer feinen Reibe die Limettenschale über den Stangen abreiben; ein wenig Schale auch unter die Ponzu-Mayonnaise rühren. Den Spargel mit der Mayonnaise zum Dippen servieren.

FÜR 4 PERSONEN

Beilagen

GEGRILLTES SOMMERGEMÜSE MIT DREIERLEI DIPS

ZUBEREITUNGSZEIT: 45 Min.
GRILLZEIT: 19–23 Min. (einschließlich des Paprikadips)

6 Zucchini (insgesamt etwa 800 g), der Länge nach halbiert (größere Zucchini geviertelt)
1 Aubergine (500 g), geputzt, quer in 1 ¼ cm dicke Scheiben geschnitten
500 g Spargel (Spargelstangen Ø mit 1 ¼ cm), geputzt
Olivenöl
1 ½ TL grobes Meersalz
1 TL frisch gemahlener schwarzer Pfeffer
1 Baguette
2 Knoblauchzehen, geschält, halbiert

1. Den Grill für direkte mittlere Hitze (175–230 °C) vorbereiten.

2. Das Gemüse auf allen Seiten mit Öl bepinseln und gleichmäßig mit Salz und Pfeffer würzen.

3. Das Baguette schräg in lange, 2 cm dicke Scheiben schneiden. Die Scheiben auf beiden Seiten dünn mit Öl bepinseln.

4. Das Gemüse auf dem Rost über *direkter mittlerer Hitze* bei geschlossenem Deckel grillen, dabei gelegentlich wenden, bis es weich und von allen Seiten gut gebräunt ist. Rechnen Sie für den Spargel 6–8 Min., für die Zucchini und die Aubergine 8–10 Min. Das gegrillte Gemüse auf einer Servierplatte anrichten.

5. Die Baguettescheiben über *direkter mittlerer Hitze* bei geschlossenem Deckel etwa 1 Min. rösten, dabei einmal wenden. Die heißen Brotscheiben mit den Schnittflächen der Knoblauchhälften einreiben. Zum Gemüse auf die Servierplatte geben und warm mit den Dips servieren.

FÜR 6 PERSONEN

ZAZIKI

1 Stück Salatgurke (180–200 g), auf der Vierkantreibe geraspelt
250 g griechischer Joghurt (10 % Fett)
2 EL fein gehackte Minzeblätter
1 EL frisch gepresster Zitronensaft
2 TL Olivenöl
1 mittelgroße Knoblauchzehe, zerdrückt oder durchgepresst
½ TL grobes Meersalz
¼ TL frisch gemahlener schwarzer Pfeffer

Die Gurkenraspel in ein feines Sieb geben und überschüssige Flüssigkeit ausdrücken. Gurkenraspel in einer kleinen Schüssel mit den übrigen Zutaten vermengen. Sofort servieren oder abgedeckt bis zu 4 Std. kalt stellen.

ERGIBT etwa 300 ml

PIKANTER PAPRIKADIP

2 rote Paprikaschoten (je 200–250 g)
1 große rote Jalapeño-Chilischote, Stiel
   und Kerne entfernt, grob gehackt (etwa 2 EL)
2 EL Olivenöl
1 TL gemahlener Kreuzkümmel
1 TL grobes Meersalz
2 Knoblauchzehen
½ TL gemahlene Koriandersamen
½ TL frisch gemahlener schwarzer Pfeffer

1. Den Grill für direkte mittlere Hitze (175–230 °C) vorbereiten.

2. Die ganzen Paprikaschoten über *direkter mittlerer Hitze* bei geschlossenem Deckel 10–12 Min. grillen, dabei gelegentlich wenden, bis die Haut der Schoten rundherum verkohlt ist und Blasen wirft. Paprikaschoten in einer mit Frischhaltefolie abgedeckten Schüssel etwa 10 Min. ausdampfen lassen, dann die Haut der Schoten abziehen, Stiele, Kerne und Trennwände entfernen und das Fruchtfleisch grob würfeln. Paprika mit den restlichen Zutaten in der Küchenmaschine glatt pürieren.

3. Den Dip sofort servieren oder abgedeckt bis zu 1 Tag kalt stellen. Vor dem Servieren wieder Raumtemperatur annehmen lassen.

ERGIBT etwa 300 ml

KRÄUTER-BALSAMICO-VINAIGRETTE

3 EL Aceto balsamico
2 EL gehackte Basilikumblätter
1 EL gehackte glatte Petersilienblätter
1 TL sehr fein gehackter Knoblauch
½ TL grobes Meersalz
¼ TL frisch gemahlener schwarzer Pfeffer
80 ml Olivenöl

Alle Zutaten bis auf das Öl mit einem Schneebesen verrühren. In einem gleichmäßigen, dünnen Strahl das Öl unterschlagen, bis eine Emulsion entsteht. Sofort servieren oder bis zu 2 Std. bei Raumtemperatur beiseitestellen. Vor dem Servieren die Vinaigrette noch einmal aufschlagen.

ERGIBT etwa 125 ml

Eingelegtes Gemüse & Saucen

PIKANTE AUBERGINEN

ERGIBT: 1–1 ¼ l
GUT ZU: Frankfurter Rindswurst
oder Bratwurst

    6 längliche Auberginen (insgesamt gut 1 kg),
      die Enden abgeschnitten
    250 ml Rapsöl
    4 Knoblauchzehen, in feine Scheiben geschnitten
    2 EL fein gehackter Ingwer
    1 TL Senfsamen, ¾ TL Fenchelsamen
    2 TL grobes Meersalz
    1 TL gemahlener Cayennepfeffer
    1 TL gemahlener Kreuzkümmel
    ¾ TL Currypulver
    250 ml Malzessig
    5 gehäufte EL hellbrauner Zucker
    4 EL fein gehackte Korianderblätter

Auberginen in 4 cm x 2 cm große Stifte schneiden. In einem großen Topf mit schwerem Boden das Öl auf kleiner bis mittlerer Stufe erhitzen. Knoblauch und Ingwer darin etwa 2 Min. unter gelegentlichem Rühren braten, bis der Knoblauch goldbraun wird. Senf- und Fenchelsamen zufügen und etwa 30 Sek. mitbraten, bis sie aromatisch duften, dabei ab und zu umrühren. Salz, Cayennepfeffer, Kreuzkümmel und Currypulver einstreuen und die Auberginen unterrühren. Essig und Zucker zufügen und die Auberginen im offenen Topf 30 bis 45 Min. köcheln lassen, bis sie weich und mit Öl überzogen sind und der Essig verkocht ist. Vom Herd nehmen, Korianderblätter unterrühren und das Gemüse auf Raumtemperatur abkühlen lassen. Servieren oder abgedeckt bis zu 3 Tage kalt stellen.

EINGELEGTE SCHALOTTEN

ERGIBT: etwa 500 ml
ZUBEHÖR: Einmachglas mit Schraubdeckel
GUT ZU: Frankfurter Rindswurst
oder Bratwurst

Für den Aufguss
    250 ml Apfel- oder Rotweinessig
    160 ml Wasser
    4 EL Zucker
    1 TL grobes Meersalz
    1 Thymianzweig
    1 Lorbeerblatt
    4 schwarze Pfefferkörner

    350 g Schalotten, in feine Ringe geschnitten

1. Das Einmachglas heiß abspülen, gründlich mit klarem Wasser ausspülen und trocknen.

2. In einem kleinen Topf die Zutaten für den Aufguss mit 160 ml verrühren und unter Rühren aufkochen, damit sich Zucker und Salz auflösen. Schalotten hineingeben, erneut aufkochen und die Schalotten 1–2 Min. kochen lassen, bis sie süßlich schmecken, aber immer noch knackig sind.

3. Den Topfinhalt in das Einmachglas gießen und das Glas zum Abkühlen auf ein Gitter stellen. Die Schalotten im offenen Glas etwa 1 Std. auf Raumtemperatur abkühlen lassen, dabei regelmäßig mit einem Holzlöffel nach unten drücken. Dann das Lorbeerblatt entfernen, das Glas fest zuschrauben und kalt stellen (die Schalotten können so bis zu 1 Monat im Kühlschrank aufbewahrt werden). Vor dem Servieren die Schalotten abseihen und gut abtropfen lassen, dabei Thymianzweig und Pfefferkörner entfernen.

CREMIGE ARTISCHOCKEN-SAUCE

ERGIBT: etwa 750 ml
GRILLZEIT: 15–20 Min.
ZUBEHÖR: kleine grillfeste Form
GUT ZU: Frankfurter Rindswurst
oder Bratwurst

- 100 g Frischkäse
- 5 EL Mayonnaise
- 4 EL Schmand
- 4 EL geriebener Pecorino romano
    (italienischer Hartkäse)
- 4 EL Parmesan
- 1 TL sehr fein gehackter Knoblauch
- ½ TL fein gehackte Thymianblättchen
- ¼ TL frisch gemahlener schwarzer Pfeffer
- 1 Dose/Glas eingelegte Artischockenherzen
    (etwa 400 g), abgetropft
- 1 Frühlingszwiebel, nur die weißen und
    hellgrünen Abschnitte in dünne Scheiben
    geschnitten

1. Den Grill für indirekte mittlere Hitze
(175–230 °C) vorbereiten.

2. Die Zutaten bis auf die Artischocken und Frühlingszwiebeln in der Küchenmaschine oder im Mixer glatt pürieren, dabei zwischendurch Reste an der Schüsselwand wieder nach unten schieben. Artischockenherzen und Frühlingszwiebeln zufügen und mit dem Intervallschalter drei- bis viermal kurz untermixen. Die Mischung in die Form geben und die Form mit Alufolie verschließen.

3. Die Artischockenmischung in der verschlossenen Form über *indirekter mittlerer Hitze* bei geschlossenem Deckel 15–20 Min. grillen, bis sie blubbert und an den Rändern leicht gebräunt ist. Warm servieren.

GREEN GODDESS DRESSING MIT GURKE UND SELLERIE

ERGIBT: etwa 500 ml
GUT ZU: Salsicce

Für das Dressing
- 25 g glatte Petersilienblätter mit zarten Stielen
- 4 EL Brunnenkresseblätter mit zarten Stielen
- 4 EL Mayonnaise
- 1 EL Schnittlauchröllchen
- 1 EL grob gehackte Estragonblätter
- 1 EL Buttermilch
- 2 TL weißer Tafelessig
- 1 Sardellenfilet (Dose)
- ½ TL grobes Meersalz
- ¼ TL frisch gemahlener schwarzer Pfeffer

- 1 kleine Salatgurke, ½ cm groß gewürfelt
- 1 kleine Stange Bleichsellerie, ½ cm groß
    gewürfelt

Die Zutaten für das Dressing in der Küchenmaschine oder im Mixer glatt pürieren. Gurken- und Selleriewürfel in einer Schüssel mit dem Dressing anmachen und servieren.

TIPP!

Das sattgrüne, cremige Dressing schmeckt durch die Gurken- und Selleriewürfel angenehm erfrischend. Machen Sie das Gemüse aber erst kurz vor dem Servieren mit dem Dressing an, dann bleibt es schön knackig. Anstelle der Brunnenkresse können Sie auch Rucolablätter verwenden, die dem Dressing einen noch etwas pfeffrigeren Geschmack verleihen.

Eingelegtes Gemüse & Saucen

CURRYSAUCE AUF MAROKKANISCHE ART

ERGIBT: etwa 850 ml
GUT ZU: Currywurst

  1 Dose geschälte ganze Tomaten (400 g)
  2 EL Olivenöl
  2 mittelgroße rote Zwiebeln, fein gewürfelt
  2 TL fein gehackter Ingwer
  1 Knoblauchzehe, zerdrückt oder
     durchgepresst
  2 EL mildes Paprikapulver
  ½ TL Garam Masala
  ½ TL gemahlener Kreuzkümmel
  ¼ TL gemahlener Cayennepfeffer
  ¼ TL grobes Meersalz
  ⅛ TL frisch gemahlener schwarzer Pfeffer
  125 ml Hühnerbühe
  1 EL Butter

1. Die Dosentomaten mit ihrem Saft im Mixer pürieren.

2. In einer großen tiefen Pfanne das Öl auf mittlerer Stufe erhitzen. Zwiebelwürfel, Ingwer und Knoblauch darin unter häufigem Rühren 8–10 Min. dünsten, bis die Zwiebeln weich sind und Farbe annehmen. Alle Gewürze einrühren und etwa 10 Sek. rösten, bis sie aromatisch duften. Die pürierten Tomaten, Brühe und Butter zufügen und 8–10 Min. unter gelegentlichem Rühren köcheln lassen, bis eine dickliche Sauce entstanden ist. Warm servieren.

COLA-CURRYSAUCE

ERGIBT: etwa 500 ml
GUT ZU: Currywurst

  250 ml Cola (nicht Cola light)
  250 ml frisch gepresster Orangensaft
  250 ml Ketchup
  1 EL Aceto balsamico
  1 EL Worcestersauce
  2 TL rote Currypaste
  2 TL Tomatenmark
  2 TL Currypulver
  ¼ TL frisch gemahlener schwarzer Pfeffer

In einem kleinen Topf Cola und Orangensaft mischen. Auf mittlerer bis hoher Stufe aufkochen und etwa 10 Min. kochen lassen, bis die Flüssigkeit auf die Hälfte reduziert ist. Die Hitze auf kleine Stufe stellen, die restlichen Zutaten in den Topf geben und glatt rühren, anschließend die Sauce 3–5 Min. köcheln lassen. Warm servieren.

PIKANTE THAILÄNDISCHE GRÜNE CURRYSAUCE

ERGIBT: etwa 250 ml
GUT ZU: Currywurst

1 kleines Bund Koriandergrün,
   Blätter mit zarten Stielen abgezupft
1 Stängel Zitronengras, nur den weißlichen
   Teil grob gehackt (etwa 4 EL)
4 EL grob gewürfelte Schalotten
1 mittelgroße Jalapeño-Chilischote,
   grob zerkleinert
2 EL Rapsöl
1 EL grob gehackter Ingwer
fein abgeriebene Schale von 1 Bio-Limette
1 EL frisch gepresster Limettensaft
1½ TL Fischsauce
½ TL gemahlene Koriandersamen
½ TL gemahlener Kreuzkümmel
1 Knoblauchzehe, geschält
¼ TL grobes Meersalz
¼ TL frisch gemahlener schwarzer Pfeffer
125 ml ungesüßte Kokosmilch, durchgerührt
1 gehäufter TL hellbrauner Zucker

1. In der Küchenmaschine alle Zutaten bis auf die Kokosmilch und den Zucker in 2–3 Min. zu einer Paste mixen, dabei nach Bedarf Reste an der Schüsselwand wieder nach unten schieben und in die Mischung einarbeiten.

2. Eine mittelgroße beschichtete Pfanne auf mittlerer Stufe erhitzen und die Paste darin unter häufigem Rühren 3 Min. erwärmen. Kokosmilch und Zucker gründlich unterrühren und die Sauce in 2–3 Min. dicklich einköcheln lassen (nicht länger). Warm servieren.

ROTE CHILISAUCE AUF KOREANISCHE ART

ERGIBT: etwa 180 ml
GUT ZU: Currywurst

5 EL weiße Misopaste (Sojabohnenpasta aus
   dem Asialaden; keine braune oder rote Paste
   verwenden)
1 EL salzarme Sojasauce
1 EL Mirin (süßer Reiswein aus dem Asialaden)
1 EL Rapsöl
2 TL Ancho-Chilipulver
1 Knoblauchzehe, zerdrückt
¼ TL gemahlener Cayennepfeffer
180 ml salzarme Hühnerbrühe
1 gehäufter EL hellbrauner Zucker
1 EL Sesamsamen, geröstet
1 TL Sesamöl aus gerösteten Samen

1. In einer kleinen Schüssel das Miso mit Sojasauce, Mirin, Rapsöl, Chilipulver, Knoblauch und Cayennepfeffer zu einer glatten Paste verrühren.

2. Eine mittelgroße beschichtete Pfanne auf mittlerer Stufe erhitzen und die Paste darin unter häufigem Rühren in etwa 1 Min. sehr heiß werden lassen. Brühe und Zucker zufügen und rühren, bis die Mischung wieder glatt ist. Anschließend die Sauce 2–3 Min. köcheln lassen. Die Pfanne vom Herd nehmen, Sesamsamen und Sesamöl unterrühren. Die Sauce warm servieren.

Grill-Kompass

WÜRSTE	DICKE/GEWICHT	UNGEFÄHRE GRILLZEIT
Bratwurst, gebrüht oder geräuchert	100–120 g	**8–10 Min.** über direkter mittlerer Hitze durcherhitzen
Bratwurst, roh	100–120 g	**15–20 Min.** über direkter schwacher bis mittlerer Hitze durchgaren (Kerntemperatur 70 °C)
Frankfurter Rindswurst	100 g	**4–5 Min.** über direkter mittlerer Hitze
GEMÜSE	**DICKE/GEWICHT**	**UNGEFÄHRE GRILLZEIT**
Aubergine	1¼ cm dicke Scheiben	**8–10 Min.** über direkter mittlerer Hitze
Frühlingszwiebel	ganz	**3–4 Min.** über direkter mittlerer Hitze
Kartoffel, festkochend	2–2½ cm Durchmesser, halbiert	**15–20 Min.** über direkter mittlerer Hitze
Kartoffel, mehligkochend	ganz	**45–60 Min.** über indirekter mittlerer Hitze
	1¼ cm dicke Scheiben	**9–11 Min.** über direkter mittlerer Hitze
Maiskolben ohne Hüllblätter		**10–15 Min.** über direkter mittlerer Hitze
Paprikaschote	ganz	**10–12 Min.** über direkter mittlerer Hitze
Pilz, Champignon oder Shiitake		**8–10 Min.** über direkter mittlerer Hitze
Pilz, Riesenchampignon		**8–10 Min.** über direkter mittlerer Hitze
Spargelstange	1¼ cm Durchmesser	**6–8 Min.** über direkter mittlerer Hitze
Süßkartoffel	ganz	**45–60 Min.** über indirekter starker Hitze
	1¼ cm dicke Scheiben	**12–15 Min.** über direkter mittlerer Hitze
Tomate, Garten- oder Eiertomate	halbiert	**6–8 Min.** über direkter mittlerer Hitze
	ganz	**8–10 Min.** über direkter mittlerer Hitze
Zucchini	1¼ cm dicke Scheiben	**4–6 Min.** über direkter mittlerer Hitze
Zwiebel	halbiert	**35–40 Min.** über indirekter mittlerer Hitze
	1¼ cm dicke Scheiben	**8–12 Min.** über direkter mittlerer Hitze

Rezepteregister

Rezepteregister

140

Rezepte-Register

Impressum

Weber-Stephen Products LLC
Mike Kempster Sr., Executive Vice President

Titel der amerikanischen Originalausgabe:
Weber's on the Grill: Sausages & Sides™

Copyright © 2015 Weber-Stephen Products
Copyright der deutschen Ausgabe © 2015 GRÄFE UND UNZER VERLAG GmbH,
Grillparzer Str. 12, 81675 München

Projektleitung: Stefanie Poziombka
Autor: Jamie Purviance
Übersetzung: Martin Waller, Werkstatt München
Lektorat und Redaktion: Karen Dengler, Werkstatt München
Satz: Anja Dengler, Werkstatt München
Gesamtproduktion der deutschen Ausgabe: Werkstatt München · Buchproduktion
Umschlaggestaltung: independent Medien-Design, Horst Moser, München
(Umschlag und Innenlayout d. Originalausgabe: rabble + rouser, inc.)
Herstellung: Markus Plötz
Reproduktion: Litho Longo AG, Bozen
Druck und Bindung: Printer, Trento

Bildnachweis: Alle Fotos Tim Turner (Foodstyling Lynn Gagné).

ISBN 978-3-8338-4434-8

1. Auflage 2015

GRÄFE
UND
UNZER

Ein Unternehmen der
GANSKE VERLAGSGRUPPE

 www.facebook.com/gu.verlag

QUALITÄTS GARANTIE

DIE GU-QUALITÄTS-GARANTIE

Liebe Leserin, lieber Leser,
wir möchten Ihnen mit den Informationen und Anregungen in diesem
Buch das Leben erleichtern und Sie
inspirieren, Neues auszuprobieren.
Alle Informationen werden von unseren Autoren gewissenhaft erstellt
und von unseren Redakteuren sorg-
fältig ausgewählt und mehrfach ge-
prüft. Deshalb bieten wir Ihnen eine
100 %ige Qualitätsgarantie. Sollten
wir mit diesem Buch Ihre Erwartun-
gen nicht erfüllen, lassen Sie es
uns bitte wissen. Sie erhalten von
uns kostenlos einen Ratgeber zum
gleichen oder ähnlichen Thema.
Wir freuen uns auf Ihre Rückmel-
dung, auf Lob, Kritik und Anregungen, damit wir für Sie immer besser
werden können.

GRÄFE UND UNZER Verlag
Leserservice
Postfach 86 03 13
81630 München
E-Mail:
leserservice@graefe-und-unzer.de

Telefon: 00800 – 72 37 33 33*
Telefax: 00800 – 50 12 05 44*
Mo–Do: 8.00–18.00 Uhr
Fr: 8.00–16.00 Uhr
(* gebührenfrei in D, A, CH)

Ihr GRÄFE UND UNZER Verlag
Der erste Ratgeberverlag – seit 1722.